KANASI

Catalogage avant publication de Bibliothèque et Archives nationales du Québec et Bibliothèque et Archives Canada

Titre: Kanasi : le moine triste / Lou Ma Ho.
Autres titres: Moine triste
Noms: Lou Ma Ho, 1961- auteur.
Identifiants: Canadiana (livre imprimé) 20210056797 | Canadiana (livre numérique) 20210056800 | ISBN 9782897884697 (couverture souple) | ISBN 9782897884703 (PDF) | ISBN 9782897884710 (EPUB)
Classification: LCC PQ2712.O9 K36 2021 | CDD 843/.92—dc23

Avec la participation financière du gouvernement du Canada. Canada

Nous remercions la Société de développement des entreprises culturelles du Québec (SODEC) pour son appui à notre programme de publication.

Gouvernement du Québec – Programme de crédit d'impôt pour l'édition de livres – Gestion SODEC.

Conception de la couverture : Vincent Proust
Infographie de la couverture et mise en pages : Marjorie Patry
Correction d'épreuves : Mélanie Asselin

Éditeur : Les Éditions Le Dauphin Blanc inc.
Complexe Lebourgneuf, bureau 125
825, boulevard Lebourgneuf
Québec (Québec) G2J 0B9 CANADA
Tél. : 418 845-4045 Téléc. : 418 845-1933
Courriel : info@dauphinblanc.com
Site web: www.dauphinblanc.com

ISBN version papier: 978-2-89788-469-7
ISBN version e-pdf: 978-2-89788-470-3
ISBN version e-pub: 978-2-89788-471-0

Dépôt légal : 4e trimestre 2021
Bibliothèque nationale du Québec
Bibliothèque et Archives Canada

Données de catalogage disponibles auprès de Bibliothèque et Archives nationales du Québec.

Imprimé au Canada

LOU MA HO

KANASI

Le moine triste

Éditions Le Dauphin Blanc

À Annette, qui m'aura appris qu'on peut regarder quelqu'un de haut seulement quand on l'aide à se relever.

Merci à Eddy Matalon, Serge Troude, Claire Connan et Silvana Di Martino pour leur précieuse lecture. Merci à Alain Williamson, mon éditeur, pour sa croyance et son accompagnement. Merci à Vincent Proust pour son talent. Merci au confinement qui m'a forcé à finir ce livre.

SOMMAIRE

PROLOGUE

Kanasi ne se doutait pas que le monde était si vaste et en même temps si petit. Il ne pensait pas qu'il y avait tant de choses à savoir et si peu à connaître.

Il repart à la recherche de la vérité qui lui apportera l'illumination, la vision claire et limpide de sa véritable nature, l'intuition soudaine qui donne à connaître les mystères du monde. Mais avant de partir, son vieux Maître lui remet une petite amulette en pierre d'onyx blanche ; la seule chose qu'il portait lorsqu'il le trouva nu comme un vers, abandonné sur les marches du temple. Cette pierre détient la vérité sur ses origines, et Kanasi compte bien la trouver.

KANASI ET LE SAVANT

Ce jour là, Kanasi se rendait chez un grand savant qui vivait retiré dans la montagne. Sur le chemin, les mêmes questions le taraudaient : qui était sa famille ? Qui était sa mère dont il n'avait aucun souvenir ? D'où venait-il ?

Le savant le reçu gentiment et lui demanda ce qu'il voulait. Kanasi répondit avoir entendu parler de son grand savoir. Il cherchait la vérité et ne l'avait toujours pas trouvée. Savait-il où elle se cachait ?

L'homme partit dans un grand éclat de rire et dit admirer son courage : beaucoup de gens avaient passé leur vie à la chercher et ne l'avaient jamais trouvée. Lui-même ne savait pas où elle résidait.

– Mais avec toutes vos connaissances, s'étonna Kanasi, vous devriez le savoir ?

Le savant lui répondit que curieusement plus un homme savait de choses, moins il savait où elle se trouvait. Le savoir n'est pas la connaissance. D'ailleurs, ceux qui la découvrent sont souvent de simples d'esprit.

Kanasi repartit troublé : « À quoi sert donc tout ce savoir ? »

Il plongea la main dans son sac et en retira sa petite amulette en pierre d'onyx blanche. Il avait appris d'un lettré que sa couleur était rare et qu'elle provenait probablement du nord. Le *magatama,* c'est le nom qu'on lui donnait, avait la forme d'une goutte d'eau. Il symbolisait la force intérieure, l'endurance et la détermination. La légende racontait que la déesse du Soleil, *Amaterasu*, l'utilisa pour créer les autres divinités japonaises. Kanasi le rangea dans sa poche et repensa au savant qu'il venait de quitter. Il composa alors ce petit poème :

« Dans le vaste océan,
le poisson du lac est perdu. »

KANASI ET LE FOU

Après une longue journée de marche, Kanasi s'arrêta dans un petit village pour se désaltérer avec l'eau d'une fontaine. Il avait pris la route du nord pour en savoir un peu plus sur son magatama.

Soudain un jeune homme en haillons apparut et lui cria de ne pas boire, il allait s'empoisonner.

Un villageois intervint aussitôt : il ne fallait pas l'écouter. Ce garçon était fou et racontait n'importe quoi. L'eau de cette fontaine était pure et il pouvait la boire sans crainte.

À ces mots, le jeune homme se tordit de douleur et plongea la tête dans l'eau.

Après quoi, il expliqua à Kanasi qu'il se lavait ainsi les oreilles des paroles que les villageois proféraient à son encontre. Et ces paroles étaient un vrai poison. S'il buvait cette eau, il serait empoisonné.

Kanasi le remercia de sa prévenance ; il ne boirait pas de cette eau empoisonnée ; et il s'inclina devant le jeune homme. Mais avant de partir, il lui demanda s'il avait trouvé la vérité.

– Elle a quitté le village, lança le jeune homme. Elle est partie vivre là où il n'y a pas d'eau empoisonnée. Mais existe-t-il encore une eau qui ne soit pas empoisonnée par les hommes ?

À ces mots, le jeune homme plongea la tête dans l'eau pour se laver les oreilles et Kanasi découvrit qu'il portait autour du cou un magatama en pierre bleue. Il sortit le sien, mais en le découvrant, le jeune homme poussa un cri affreux et se sauva les bras au ciel.

En quittant le village, Kanasi sentit que sa tête tournait ; il n'avait pourtant pas bu d'eau empoisonnée.

Il composa alors ce petit poème à la mémoire du jeune homme :

« La folie des hommes
c'est de toujours croire
que les fous sont les autres. »

KANASI ET LE PAYSAN

Sur la route qui le conduisait vers le nord du pays, Kanasi assista à un combat entre deux hommes.

Le premier portait le kimono noir et blanc des judokas et se déplaçait en adoptant des positions martiales, tandis que le deuxième, habillé comme un simple paysan, regardait droit devant lui, les bras ballants.

Soudain, le judoka, dans une technique parfaite, fit une clé de bras au paysan qui lui attrapa aussitôt les testicules et le força à déclarer forfait. Les deux hommes se saluèrent et le paysan reprit sa route.

Kanasi lui emboîta le pas et le retrouva assis sous un pommier en train de croquer dans une pomme. Il lui demanda le nom du Maître qui lui avait enseigné de si singulières techniques capables de vaincre l'un des plus grands judokas du pays. Le paysan s'esclaffa. Il n'avait jamais eu de Maître et ne pratiquait aucun art martial. Et c'était justement cette ignorance qui déstabilisait ses adversaires trop ancrés dans des techniques et des codes. Lui ne faisait que se protéger et ne pensait à rien d'autre.

En le reconnaissant le poète ne voulut pas de sa compassion ; il était né seul, il avait vécu seul, il mourrait seul. C'était dans l'ordre des choses, la vie était comme ça, et on ne pouvait rien y changer.

Kanasi ne l'écouta pas ; il s'occupa de lui et revint tous les jours.

Au bout d'une semaine, le poète fut rétabli. Et lorsqu'il reprit son écriture, ses poèmes furent encore plus virulents et critiques envers ses contemporains. Kanasi lui demanda alors une faveur : écrire pour lui quelques textes qui chanteraient la joie de vivre, la beauté de la nature et l'amour. Le poète accepta seulement parce qu'il lui était redevable.

Lorsque Kanasi lut les poèmes, il fut ébloui par leur beauté et prit la liberté de les distribuer à la population du village.

Les jours suivants, les bras chargés de friandises, les villageois passèrent s'enquérir de la santé du poète. Ils voulaient le remercier pour l'émotion que ses textes leur avaient procurée : en les lisant ils avaient oublié leurs soucis et leur esprit s'était laissé bercer par la musique des mots ; le monde leur était apparu plus beau et était née chez eux l'envie qu'il en soit ainsi tous les jours.

Le poète comprit que les villageois parlaient des poèmes écrits pour Kanasi. Il n'en fut pas fâché tant il fut agréablement surpris par l'effet produit : celui qu'il recherchait depuis tant d'années. Il remercia vivement Kanasi et s'excusa des propos qu'il avait tenus sur les moines.

Le poète lui apprit que le propriétaire de la carrière était son oncle. Mais à sa mort, sa fille l'avait fermée et était partie vivre chez le frère de sa mère, orfèvre à Morioka. Quant à l'endroit où logeait la vérité, le poète composa ce petit haïku :

« Sifflement d'un oiseau,
martèlement de la pluie,
bonheur d'un matin d'été. »

KANASI ET LES FRÈRES SIAMOIS

En chemin pour la ville de Morioka, Kanasi s'arrêta chez deux frères siamois: Tin et Tan. Ils habitaient une petite maison au bord du fleuve Noir et vivaient de la fabrication de poteries qu'ils vendaient dans toute la région jusqu' à la cour du Shogun. Leur affaire était florissante, mais Kanasi sentit qu'entre les deux frères quelque chose coinçait.

En effet, plusieurs fois au cours du repas, les deux frères se disputèrent violemment: l'un voulait quelque chose, l'autre ne voulait pas, et puis c'était au tour du contrarié de contrarier l'autre. Ils s'insultaient durement et finissaient par ne plus se parler.

Après le repas, ils prirent le thé sous le grand saule pleureur qui ombrageait le jardin. Les frères siamois étaient adossés contre l'arbre et Tin s'endormit. Tan en profita pour se confier à Kanasi. Il n'en pouvait plus. Enchaîné à Tin depuis qu'ils étaient nés, il ne supportait plus son autorité, ses habitudes, la petitesse de son esprit, sa violence. Il avait besoin de liberté, de respirer, mais il ne savait plus comment faire. Kanasi demanda s'il en avait parlé à son frère. Tan l'avait fait plusieurs fois et Tin avait promis de faire des efforts. Mais à chaque fois sa nature autoritaire reprenait le dessus.

Le lendemain ce fut Tin qui profita du sommeil de Tan pour se confier à Kanasi. Il ne comprenait plus Tan. Il ne voulait plus suivre les règles, rechignait à travailler, rêvait à tout moment, devenait un véritable boulet. Kanasi demanda s'il en avait parlé à son frère. Tan l'avait fait et Tin avait promis de faire des efforts. Mais à chaque fois sa nature lunaire reprenait le dessus.

Kanasi ne sut pas quoi répondre aux deux frères siamois. L'unique solution eut été qu'ils se séparent pour évoluer chacun de leur côté selon leur nature, mais physiquement c'était impossible ; ils étaient liés l'un à l'autre pour la vie.

Le lendemain Kanasi les remercia pour leur hospitalité et reprit sa route.

Une semaine plus tard, il apprit la mort des siamois. Tan, exaspéré, avait fini par empoisonner son frère. Mais en l'empoisonnant, il s'empoisonnait aussi. Kanasi fut très peiné et s'en voulut de ne pas avoir pu les aider. Il se rappela les paroles de Tan : « Pas besoin de chercher la vérité, elle vient à toi quand tu n'es plus de ce monde. »

Devant l'immensité du lac qui s'ouvrait devant lui, Kanasi composa ce petit poème :

« Dans une autre vie,
deux frères siamois se retrouvent,
l'un est une fille et l'autre un garçon. »

KANASI ET LES AVEUGLES

La ville de Morioka n'était plus qu'à quelques jours de marche, mais à cette heure matinale, la chaleur d'été était déjà étouffante. Kanasi s'engouffra dans un temple pour profiter de la fraîcheur du lieu.

À l'intérieur se trouvaient déjà des moines qui le visitaient. Certains touchaient les murs, les piliers, d'autres les sentaient, les écoutaient, d'autres encore les comptaient, les respiraient, les léchaient...

Kanasi découvrit les raisons de cet étrange ballet : ils étaient tous aveugles.

À la sortie, les moines échangèrent leur vision du temple, mais aucun ne le « voyait » comme l'autre. Ils finirent par se chamailler et il fallut l'intervention de leur doyen pour les calmer. Kanasi réalisa qu'ils avaient tous raison : chaque témoignage était juste et leur ensemble formait la réalité du temple.

Quand il leur demanda où se trouvait la vérité, chacun donna sa version et les moines se chamaillèrent encore.

En les quittant Kanasi composa ce petit poème :

« Demandez à mille abeilles de vous décrire leur ruche,
et vous aurez mille ruches. »

KANASI ET LE DRUIDE

Sur la route qui menait à Morioka, Kanasi rencontra un homme surprenant. Il portait une interminable barbe, de longs cheveux blancs, et une tunique qui se répandait sur le sol comme une coulée de neige. Il venait d'occident, d'un pays qui s'appelait la Gaule. Il avait traversé les mers et marché longtemps pour arriver jusqu'ici. Il s'appelait Cotuatos et était ce qu'on appelle un druide. Kanasi apprit que les druides étaient de grands sages, mais aussi des médecins, astrologues, philosophes, politiciens et même des guerriers. Kanasi s'inclina devant le Maître : qu'il lui pardonne son ignorance. Il présenta son humble personne et sa quête de la vérité.

Le vieil homme éclata de rire, les poils de sa barbe tombant comme des flocons de neige.

– Ton Maître est un coquin. Car pour trouver la vérité, il faut chercher longtemps et partout : dans les cieux, dans le vent, dans la lumière !

– Pourquoi personne ne peut me dire où elle se cache ? Même les hommes les plus savants sont impuissants.

– Eux-mêmes ne l'ont pas trouvée.

– Comment faire alors ?

Le druide lui tendit une petite gourde.

– C'est une potion tirée du gui. Une plante qui pousse sur le chêne, le roi des forêts, l'arbre le plus sacré. C'est notre remède universel. Il te soignera de tous les maux, même de tes doutes. Et pour trouver la vérité, demande aux arbres. Ils sont là depuis la nuit des temps, et en savent plus que quiconque.

Kanasi s'inclina et s'enfonça dans la première forêt venue. Les arbres avaient maintenant une dimension nouvelle : ils étaient des êtres supérieurs. « Par lequel commencer ? se demanda-t-il. » Il se dirigea vers un grand chêne, se présenta et lui demanda où trouver la vérité. Le bruissement des feuilles fut sa seule réponse. Il posa alors ses mains contre le tronc et pensa très fort à sa question.

Soudain, il sentit une vibration, un picotement qui traversa tout son corps. Sa respiration changea de rythme comme si elle se calait sur celle de l'arbre : elle devint plus lente, plus profonde. Son nez se remplit de mille odeurs, sa peau ressentit le plus léger souffle de vent ; toute son attention se tourna vers ces sensations. Chaque chose qu'il regardait le réjouissait et s'imposait comme une évidence heureuse.

Lorsqu'il retira ses mains et perdit le contact avec le chêne, il faisait nuit. Le Druide avait raison, les arbres avaient la plus grande connaissance du monde et leur langage n'avait pas besoin de mots.

En reprenant sa route, Kanasi composa ce petit adage :

« La sagesse est comme un arbre, silencieuse. »

KANASI ET LE SEIGNEUR

Kanasi aperçut le pic encore enneigé de la montagne Iwate qui dominait la ville de Morioka, célèbre pour ses théières en fonte.

Il remontait la grande rue animée lorsque des hommes marchèrent vers lui et s'inclinèrent :

– Nous avions peur qu'il vous soit arrivé quelque chose de fâcheux. Le seigneur vous attend et s'impatiente.

Kanasi allait répondre lorsqu'il fut poussé dans un palanquin qui s'éleva aussitôt dans les airs et prit la direction du château. « Comment se sortir de cette situation ? » se demanda Kanasi. S'il avouait maintenant qu'ils faisaient erreur, ils le roueraient de coups et le jetteraient en prison.

Il fut tout de suite conduit dans les appartements personnels du seigneur. Ce dernier se précipita pour l'accueillir, mais s'arrêta comme devant un mur.

– Je ne vous voyais pas si jeune, avoua t-il. Pourtant, tous les grands maîtres de la ville parlent de vous comme du nouveau prodige.

Les choses se compliquaient pour Kanasi, il était en train de voler l'identité d'un illustre personnage, et ça sous les yeux du seigneur. Le châtiment pouvait être la mort. Ne sachant que répondre, il s'inclina. Le seigneur lui montra un fauteuil et remonta sur le sien. Il prit un certain temps avant de parler, le temps de faire le tri dans sa confusion.

– Je n'arrive plus à gouverner. Les gens sont mécontents, des révoltes éclatent un peu partout, ils ne veulent pas changer leurs habitudes. Il faut pourtant réformer ce pays pour rester une province forte. Que me conseillez-vous, Maître ?

Kanasi se dit que là, il arrivait au point de non-retour. Le seigneur lui demandait conseil et dévoilait sa faiblesse et ses tourments à un imposteur. Il lui fallait maintenant répondre. Son vieux Maître lui avait toujours conseillé de parler avec le cœur, il savait des choses que l'esprit ne savait pas.

– Savez-vous pourquoi ils ne veulent pas changer leurs habitudes ?

Le seigneur tiqua.

– Non, la peur du changement probablement.

– Leur avez-vous demandé ?

– Non, et ce n'est pas à eux de dicter ma politique !

– Pourquoi ? Vous avez peur du changement ?

Le seigneur resta sans voix. Il voulait que les choses changent pour ses sujets, mais pas pour lui.

– Tout change, lança Kanasi. Le monde est en perpétuel mouvement. Et si vous luttez contre son cours, les choses deviennent plus difficiles. On n'arrête pas un fleuve avec ses mains.

Le regard du seigneur s'éclaira. Il venait de comprendre qu'il valait mieux accompagner le mouvement que s'y opposer. Il devait écouter les exigences du peuple et faire les concessions qui s'imposaient. Ainsi tout rentrerait dans l'ordre.

– Ne voulez-vous pas devenir mon conseiller ? Vous auriez un bon revenu, une maison et des serviteurs.

– Si mon humble sagesse a pu vous aider, j'en suis comblé. Maintenant, je peux vous dire la vérité.

Et il expliqua la méprise et qui il était réellement. Le seigneur ne se fâcha pas. Au contraire, les cieux l'avaient conduit jusqu'à son château pour répondre à ses interrogations. Il le remercia pour son honnêteté et lui demanda ce qu'il voulait.

– Trouver la vérité, répondit Kanasi.

– Vous avez bien du courage, car la vérité n'est jamais celle que l'on attend.

Le seigneur lui indiqua où il pourrait trouver la famille du poète. L'oncle était un orfèvre renommé qui travaillait souvent pour le Shogun.

Kanasi traversa la cité et arriva devant une grande maison qu'un somptueux jardin entourait. Une servante lui ouvrit la porte et l'informa que l'orfèvre et sa nièce étaient partis à Edo pour célébrer le mariage de la fille du Shogun.

Kanasi repartit déçu, tout ce chemin pour rien. Cet homme était malheureusement sa seule piste, le seul lien avec son magatama. Il devait le retrouver.

En quittant la ville, il composa ce petit poème en souvenir du seigneur :

« Le seigneur d'aujourd'hui n'est plus celui d'hier
et certainement pas celui de demain. »

KANASI ET LES DEUX ACROBATES

Depuis quelques jours, Kanasi accompagnait deux acrobates qui se rendaient aussi à Edo. Kanasi avait décidé d'y retrouver l'orfèvre.

Le premier s'appelait Onida, et était fort comme un boeuf. Le second Takeshi, souple comme un serpent.

À chaque village, ils s'arrêtaient pour offrir leur spectacle contre quelques pièces. Onida portait Takeshi sur ses épaules, sa tête, ses mains, sur tout ce qui pouvait servir d'appui et permettre l'exécution de figures acrobatiques et toutes en équilibre.

Tous les villageois poussaient des cris de joie et d'admiration ; les hommes étaient impressionnés par la force d'Onida, les femmes tremblaient pour Takeshi qui pouvait se rompre le cou à tout moment. Mais au fond de lui, Onida était jaloux. Il aurait aimé émouvoir ces dames.

Lui aussi était capable de jouer l'équilibriste, ce qu'il faisait d'ailleurs très bien à même le sol. Il fit part à Takeshi de son désir d'intervertir les rôles, mais Takeshi trouva l'idée saugrenue :

– Tu es bien trop lourd. Et puis tu n'es pas assez entraîné pour ne pas tomber. Pourquoi changer les choses, cela fonctionne très bien ainsi.

Onida lui fit entrevoir ce qu'il y gagnerait: non seulement il continuerait à plaire aux femmes, mais en le portant à son tour, il obtiendrait l'admiration des hommes. Takeshi ne se laissa pas convaincre facilement, mais finit par accepter. Ils convinrent d'opérer le changement au milieu du spectacle.

Le lendemain, la place du village était pleine. Tous les villageois des environs s'étaient réunis pour assister aux prouesses des deux artistes.

Au milieu du spectacle, ils changèrent de rôle. Onida monta sur les épaules de Takeshi et il commença à effectuer ses premières acrobaties. Ce qu'il n'avait pas prévu, c'est que toute l'attention des femmes resta fixée sur Takeshi. Elles admiraient maintenant sa force et son courage. Onida en perdit l'équilibre et s'écrasa sur le pauvre Takeshi, sa tête heurta le sol et il s'évanouit.

Quand ils se réveillèrent, Kanasi était auprès d'eux. Takeshi avait un bras et une jambe cassés et Onida avait perdu la mémoire. Il n'avait aucun souvenir de ce qui s'était passé, à peine savait-il son nom.

Takeshi voulut se fâcher contre son frère mais Kanasi l'arrêta: ils étaient tous deux responsables. Onida à cause de sa jalousie et lui de son orgueil. Takeshi admit facilement sa part de responsabilité et déclara qu'il avait compris la leçon. Il allait maintenant s'occuper de son cadet en espérant qu'il retrouve la mémoire.

Kanasi les quitta pour continuer seul sa route.

Dans sa tête un petit poème trottait :

« Chaque chose à sa place,
dans un ensemble en parfait équilibre. »

KANASI ET L'HUMANISTE

Durant son trajet, un soldat de rencontre rapporta à Kanasi que le seigneur, dont ils étaient en train de traverser la province, partageait la vie de ses sujets. Et plus extraordinaire encore, il n'avait ni richesse, ni armée, ni prison.

Intrigué, Kanasi voulut le rencontrer et trouva son château. Il passa facilement l'entrée qui n'était pas gardée. À l'intérieur, beaucoup de gens du peuple vaquaient à leurs occupations sans se soucier de sa présence. Kanasi leur demanda où se trouvait le maître des lieux : on lui indiqua les jardins.

Là encore, Kanasi découvrit de simples paysans s'activer à la culture des légumes, des fleurs et des arbres fruitiers. D'autres nettoyaient la cour et les dépendances. Tout le monde était aimable et avait l'air heureux.

On lui désigna un vieil homme qui ramassait des fruits comme étant le seigneur de cette contrée. Kanasi s'avança vers lui, s'excusa de l'interrompre et demanda la permission de le questionner. Le vieil homme le gratifia d'un sourire et l'invita à partager un fruit.

– Comment arrivez-vous à gouverner en renonçant à tous les attributs du pouvoir ? demanda Kanasi la bouche pleine.

– Parce que ce ne sont que des attributs, répondit le vieil homme. Ici on partage tout car tout ce qui n'est pas partagé est perdu. Aussi, il n'y a ni voleur, ni envieux, ni ambitieux. Les problèmes ne viennent que des seigneurs voisins qui tremblent de perdre leurs privilèges. Une fois déjà, une armée a traversé notre frontière. Mais tous les habitants ont accueilli les soldats avec des fleurs et de la nourriture. Malgré les ordres, ils ont été incapables de nous faire le moindre mal. Ils ne voyaient pas en nous ce qu'avait affirmé leur chef pour les pousser au massacre : des barbares qui menaçaient leur famille. Ils ont rangé leurs armes et sont rentrés chez eux. Certains sont même restés. Mais je sais qu'un jour, tout cela disparaîtra. Un seigneur plus convaincant que les autres arrivera à aveugler suffisamment les siens pour qu'ils nous massacrent jusqu'au dernier. Mais ce que nous aurons réalisé ici restera à jamais gravé dans les mémoires. Les gens sauront qu'il est possible de vivre tous ensemble dans le partage, l'harmonie et le bien-être, et ils aspireront toujours à trouver ce bonheur. Et ça, c'est plus fort que la plus grande armée.

Lorsque Kanasi demanda où il pourrait trouver la vérité, le vieil homme devint sérieux :

– Mais elle est derrière toi !

Kanasi se retourna tout doucement et ne découvrit que les gens qui vivaient au château. Pouvait-il la lui montrer ? Il attendit la réponse, mais le vieil homme avait disparu.

En quittant les lieux, un petit poème courut sur ses lèvres :

« Par un matin ensoleillé,
aucune fourmi ne s'est aperçu
que la reine avait disparu. »

KANASI ET LE MOINE

Kanasi et le moine Okata se rencontrèrent sur la route qui conduisait à Edo. Okata avait une trentaine d'années et marchait depuis plusieurs semaines. Il se rendait au *Temple de la Lumière* où il avait été convié pour sa grande connaissance du Sutras du Lotus. Okata raconta que lui aussi, encore jeune novice, était parti à la recherche de la vérité. Il avait mis cinq ans pour la trouver, ce qui effraya quelque peu Kanasi. Ce fameux jour, il était en méditation au pied d'une montagne lorsqu'un caillou roula et frappa un bambou. Okata l'entendit résonner au plus profond de son être et la vérité lui apparut.

– Où est cette montagne ? demanda Kanasi.

– Ce n'est pas une question de lieu, et tu le découvriras toi-même.

À leur arrivée au *Temple de la Lumière*, ils furent accueillis par Maîre Aniki. Ce vieux moine avait plus de quatre-vingt-dix ans et plus une seule dent. Il les conduisit dans la salle principale où une cinquantaine de moines étaient déjà réunis.

Maître Aniki présida la réunion, et quand fut abordé le sujet pour lequel Okata était convié, il s'adressa à un vieux moine du nom de Akiro. Celui-ci prit la parole et parla longuement. Mais à cause de son grand âge, sa mémoire était défaillante et son élocution lente et balbutiante. Pourtant, il fut convenu que le vieux moine Akiro présiderait la transmission du Sutras du Lotus à la grande Sesshin d'été qui se tiendrait ici même; puis la réunion prit fin sans qu'Okata pût prononcer un seul mot.

Dans les jardins du temple, Kanasi demanda à Okata pourquoi il s'était tu et n'avait pris à aucun moment la parole. Le moine lui répondit que Maitre Akiro était son aîné et qu'il lui devait le respect.

– Mais il est moins savant que toi sur le sujet! rétorqua Kanasi.

– Ne te laisse pas tromper par les apparences, Maître Akiro en sait bien plus que moi.

À ses mots, il s'arrêta de marcher et prit Kanasi par les épaules en le regardant gravement.

– Si on ne respecte pas les aînés c'est source de discorde. Nous devons nous incliner devant les anciens. Si les vieux n'ont plus leur place dans ce monde, plus rien n'aura de place et le monde sombrera.

Dans la nuit, le vieux Maître Akiro eut un malaise. On craignit même qu'il ne s'éteignît avant l'aube. Maître Aniki fit venir Okata au chevet du malade.

Maître Akiro désigna Okata comme étant le plus apte à transmettre le Sutras du Lotus à la grande Sesshin d'été. Okata lui prit les mains, s'inclina devant le vieux Maître et dit qu'il ferait de son mieux. Il lui souhaita un prompt rétablissement et sortit de la pièce.

Au matin, tous les invités quittèrent les lieux pour retrouver leur temple respectif. Kanasi salua respectueusement Okata qui le pria de ne pas se décourager dans sa quête. Il ne devait pas être pressé et faire que sa recherche soit la plus sincère possible.

En le regardant se fondre dans le paysage, Kanasi composa ce petit poème :

« L'homme qui n'a rien à prouver reste dans l'ombre,
il n'a pas besoin de lumière pour briller. »

KANASI ET L'EXTRA-TERRESTRE

Arrivé en haut d'une colline, Kanasi découvrit les lueurs de la capitale. Comment trouver le moyen de se rendre à un mariage impérial ? Il s'adossa à un arbre pour mieux réfléchir et finit par s'endormir. Soudain, une lumière étincelante illumina le ciel. Un objet se posa sur le sol en grondant comme une ruche. Kanasi se cacha derrière le tronc : « Qui descendait ainsi du ciel ? Bouddha ? »

Il se rapprocha de l'objet qui avait la forme d'un galet ovale quand une porte s'ouvrit… Une forme, qui ressemblait à un poulpe, apparue et prit sa direction.

Kanasi s'inclina et souhaita la bienvenue à l'être qui s'enroula autour de l'arbre.

– D'où viens-tu ? demanda Kanasi.

Une voix sourde, aux sonorités nasales, sortit de sa bouche gélatineuse. Chaque mot était entrecoupé par un bruit de clapet.

– Je viens d'ici. Mes aïeux vivaient sur la terre où plutôt dans la mer, il y a des millions d'années. Les hommes y vivaient aussi et sont devenus de plus en plus cupides et égoïstes. Ils ont exploité la nature à outrance, pollué et dégradé sans vergogne ses glaciers, ses rivières, ses océans et son atmosphère. Toute la faune qui en dépendait a commencé à disparaître. Malgré les signes de détresse que leur envoyait la terre, ils ne pouvaient plus s'arrêter, une vraie maladie. Lorsque le monde dépérit, qu'il manquât de tout et surtout d'eau, ils se firent la guerre dans la même démesure, utilisant des armes qui finirent par tous les détruire dans une gigantesque explosion. Nous sommes sortis de la mer, avons appris les techniques des hommes, les avons perfectionnées et avons pu quitter la terre pour une planète qui lui ressemblait en tous points mais où les humains n'avaient jamais mis les pieds. Sur terre, le cycle de la vie reprit. Après des milliers d'années, l'évolution donna à nouveau naissance aux hommes jusqu'à aujourd'hui. Mais je constate qu'ils recommencent comme s'ils n'avaient rien appris. Les mêmes démons les tourmentent et ils vont rejouer le même drame.

– Comment faire pour les arrêter ? réagit Kanasi.

– En continuant à chercher la vérité. Et quand tu l'auras trouvée, diffuser sa parole partout où tu pourras. Peut-être cette fois, ils verront qu'ils sont sur le mauvais chemin.

Soudain un bip clignota sur le front du poulpe.

– Je dois rentrer. Je n'ai pas le droit d'être ici. Mais la curiosité a été plus forte.

Le poulpe toucha la tête de Kanasi avec l'un de ses tentacules.

– N'oublie pas, la terre compte sur toi.

– Mais où trouver la vérité ?

– Tu la connais déjà, mais tu ne sais pas encore la reconnaître.

Le poulpe s'inclina, rentra dans son vaisseau qui décolla dans une lumière encore plus blanche. Il traversa le ciel comme une étoile filante et disparut dans l'infinie noirceur.

Kanasi se rendormit. À son réveil, il se persuada qu'il avait rêvé : « les poulpes ne parlent pas et volent encore moins dans les airs. »

Alors qu'il préparait son sac pour se rendre à la capitale, il se posa cette question :

« La nature peut exister sans l'homme,
mais l'homme peut-il exister sans la nature ? »

KANASI ET L'OFFICIER

Lorsque Kanasi arriva aux portes de la capitale, il ne savait toujours pas comment se rendre à ce fameux mariage. Beaucoup de gens rentraient et sortaient de la cité, une bousculade incessante animait les étroites rues.

Au loin, il aperçut un groupe de moines qui marchaient les uns derrière les autres. Il les suivit et finit par les rattraper. Il apprit du plus jeune qu'ils se rendaient au mariage de la fille du Shogun. Kanasi sentit que cette rencontre n'était pas fortuite, et demanda à les accompagner. Les moines refusèrent. Il n'était pas invité, et ils ne pouvaient le faire à la place du Shogun.

Kanasi fut arrêté par les gardes qui contrôlaient les entrées du palais. Il vit les moines brandir leur invitation et disparaître à l'intérieur de l'édifice.

Alors qu'il cherchait un moyen d'y pénétrer, un officier casqué s'arrêta devant lui.

– Tu aimerais assister à ce mariage ?

– Comment le savez-vous ?

– Je te regarde depuis tu es arrivé avec ces moines.

Kanasi acquiesça d'un mouvement de tête.

– Je peux t'aider à assister à la cérémonie, mais avant tu dois me conseiller.

Il lui raconta que ses hommes l'aimaient bien car il partageait beaucoup de choses avec eux et se sentait très proche de leur existence. Mais ses hommes se demandaient de plus en plus pourquoi, lui, leur commandant, gardait son casque jour et nuit sur sa tête, qu'il fasse chaud ou froid. Beaucoup de théories s'échaffaudaient : il était chauve, son crâne était mal formé, il portait une vilaine cicatrice...

En fait, il gardait son casque pour cacher une perversion de la nature. Il enleva ce dernier et Kanasi découvrit que l'officier portait de longues oreilles, aussi pointues que des oreilles de cheval. Il ne pouvait plus vivre caché, il voulait qu'on le voie tel qu'il était, mais ne savait pas comment s'y prendre.

Pour Kanasi, le seul moyen était de se montrer sans casque devant ses hommes. Il ne voulait plus de mensonges, il fallait oser la vérité. Pour l'officier, le conseil de Kanasi était facile : ce n'est pas lui qui allait montrer ses oreilles de cheval après tant d'années cachées. Kanasi dut l'admettre, mais il ne voyait aucun autre moyen pour dire la vérité. La vérité est la vérité. Si elle est maquillée, ce n'est plus la vérité.

Les paroles de Muhasu le touchèrent, même s'il n'en fit rien laisser paraître. Il n'était pas homme à montrer ses faiblesses, mais il savait écouter. Il comprit qu'il devait se surpasser, et cela aux yeux de tout le monde.

Lorsque l'officier se présenta devant ses hommes, le casque à la main, un grand silence s'imposa. Tous regardaient ses oreilles de cheval d'un air incrédule. Puis après l'étonnement, ils en vinrent à se dire que, hormis ses oreilles, l'homme qui se tenait devant eux était toujours ce chef vaillant et bienveillant. Rien ne changea, sauf qu'ils commencèrent à blaguer sur les oreilles de leur commandant.

L'officier tint sa promesse et Kanasi entra facilement au palais pour suivre le mariage. Mais avant de le quitter l'officier lui souffla que pour trouver la vérité, il fallait oser.

En croisant la multitude d'invités qui déambulaient dans le parc du palais, Kanasi repensa à l'homme aux oreilles de cheval :

« Le courage est la clé du bien-être. »

KANASI ET « CORPS OUVERT »

Parmi le grand nombre d'invités, Kanasi devait trouver le fameux joaillier, le seul qui puisse le renseigner sur l'origine de sa magatama. Là encore, les circonstances lui sourirent, et Kanasi commença à se dire qu'il fallait faire confiance à cette voix intérieure qui arrivait à ressentir, à décripter des événements que votre esprit n'avait même pas encore envisagés.

Il vit un homme qui paradait parmi d'autres, et prit sa direction sans savoir pourquoi. En se rapprochant, il entendit ce qu'il disait sur les bijoux de la mariée. Les pierres avaient un grand pouvoir sur la vie des gens qui les portaient. Des destinées se transformaient à cause de leur influence. Et le futur d'un mariage pouvait dépendre des pierres que les mariés portaient. Ce bijoutier était-il celui que Kanasi cherchait ? Il brandit son magatama et demanda s'il en était l'auteur : le tailleur se figa devant la pierre comme s'il ne devait jamais la revoir. Il manqua soudain d'air, recula les bras tendus pour repousser un adversaire invisible, et hurla que Kanasi voulait le tuer.

Des gardes entourèrent aussitôt Kanasi et le conduisirent dans une cellule froide et humide.

En face de lui, assis en tailleur, se tenait un autre prisonnier. Il portait des cheveux et une barbe d'une incroyable longueur. Enfermé dans cette cellule depuis des années, il était accusé de pacte avec les démons. On le surnommait « corps ouvert ». Depuis son plus jeune âge, il pouvait sentir où les gens étaient morts. Il les voyait obscurs et sentait qu'ils avaient besoin de lumière. Et à chaque fois qu'il avait cette vision, il tombait évanoui sur le sol. Les témoins de ces scènes rapportaient qu'ils voyaient des corps quitter le sien.

– Lorsque les gens meurent et n'ont pas de lumière, ils s'en vont aux obscurs, affirma-t-il.

Un jour, des moines témoins de ce phénomène déclarèrent qu'il avait le « corps ouvert ». Un corps dans lequel les âmes errantes pouvaient se réfugier. Les religieux l'interrogèrent, mais à chaque question une âme sortait de son corps. Elles sortirent d'ailleurs toutes ce jour-là, et il dormit pendant une semaine. À son réveil, il quitta sa maison et gravit la montagne. Il trouva refuge auprès d'un ermite qui lui posa une seule question :

– Pourquoi ces âmes viennent-elles se réfugier en toi ?

– Parce qu'elles sont obscures. Elles sont privées de lumière et elles se manifestent en moi pour qu'on ne les oublie pas, répondit « corps ouvert ». Leurs voix bourdonnent dans mes oreilles et n'arrêtent pas de me dire que je dois guérir ceux qui souffrent.

Après deux ans d'absence, le temps d'apprendre la méditation, il s'installa à nouveau dans sa maison. Beaucoup de personnes malades vinrent le voir. Et à chaque fois qu'il guérissait quelqu'un, c'est à dire tout le monde, une âme s'en allait de son corps. Les médecins de la région furent terriblement jaloux, ils perdaient toute leur clientèle, et firent pression sur les autorités pour qu'on arrêta ce charlatan qui avait passé un pacte avec les démons. Il fut arrêté et jeté en prison. Mais il n'avait pas d'inquiétude, il savait qu'on le libérerait bientôt, le temps que les médecins l'oublient. Il retournerait alors dans sa montagne pour soigner les paysans, et redonner la lumière aux âmes obscures.

Kanasi lui montra son magatama, la cause de tous ses problèmes. « Corps ouvert » dit que cet orfèvre connaissait l'âme qu'il renfermait et l'avait reconnue. C'est pour ça qu'il avait crié au meurtre. Kanasi demanda où se trouvait la vérité.

– À la limite de la lumière et de l'obscurité. C'est là qu'on peut l'apercevoir.

Kanasi fut libéré le lendemain. Le joaillier était revenu sur ses accusations avant de quitter la ville. Aussi, pour connaître la vérité sur son magatama, Kanasi devait retourner à Moriako et frapper à sa porte.

En s'enfonçant dans la cohue des petites rues, il repensa à « corps ouvert » et une question s'imposa :

« Les âmes n'errent t-elles que dans l'obscurité ? »

KANASI ET L'INFIDÈLE

Kanasi sortit à grands pas de la capitale. Il était pressé de retourner à sa solitude.

Après quelques kilomètres dans une campagne verdoyante, il croisa sur un petit pont une jeune femme qui paraissait accablée. Kanasi ne put s'empêcher de lui demander les raisons de cette désespérance. La jeune fille, qui se prénommait Aiko, leva les yeux et réalisa qu'elle avait affaire à un moine. « On peut tout dire à un moine songea-t-elle, il ne juge pas, il cherche toujours la vérité au-delà des apparences... ». Elle lui raconta son histoire.

Il y a un an, elle avait été forcée d'épouser un riche propriétaire. Il avait cinquante ans, elle, à peine quinze. Elle n'aimait pas ce vieil homme et n'éprouvait aucun désir. Elle était malheureuse car elle ne connaitrait jamais l'amour.

Un jour, Haku, un jeune de son âge, le neveu de son mari, revint de la guerre et s'installa chez eux. Ils tombèrent vite amoureux, et Aiko connut enfin le bonheur : la tendresse, le partage, les caresses, les baisers, la complicité, l'aventure, le désir. Ils se retrouvaient dès que son vieux mari quittait les lieux pour affaires. Ils passaient la journée au lit, à rire, à rêver, à s'aimer. Mais un jour, ils furent découverts par des serviteurs mal intentionnés. Il leur restait la fuite, unique solution pour rester ensemble, et surtout en vie. Ils galopèrent sur le même cheval, traversèrent la province et s'enfoncèrent dans la forêt la plus profonde.

Lorsque son mari apprit la nouvelle, il fut consterné, car il les aimait beaucoup tous les deux. Mais honneur oblige, il lança ses hommes à leurs trousses avec ordre de les ramener morts ou vifs.

Haku construisit une cabane avec les arbres de la forêt et commença à chasser. Chaque jour, il ramenait du gibier, des oeufs ou du poisson. Elle se mit à cultiver son jardin, même si les débuts furent difficiles. Perdus dans cette immensité, ils fortifièrent leur amour. Mais lorsque l'hiver arriva, la vie devint extrêmement difficile : le froid, le manque de nourriture, la solitude, et les tâches qu'il fallait continuer à remplir.

Ils partagèrent cette vie avec les arbres et ses habitants pendant un an. Mais un jour Haku s'arrêta devant Aiko et se désola. C'est lui qui l'avait entraînée ici. Et il la voyait maintenant porter une robe trouée, dormir sur la paille, grelotter de froid, se laver à la rivière. Il ne fallait plus qu'elle vive cette existence de misère, il ne le supportait plus. Ils devaient trouver un moyen de se réconcilier avec son oncle.

– Tu ne m'aimes plus, s'étrangla de chagrin Aiko.

– Au contraire, c'est parce que je t'aime que tu dois retourner auprès de mon oncle.

Elle refusa. La vie était peut être dure, mais elle était avec lui. Mais au fil des jours, puis des semaines, Haku s'assombrit, jusqu'à dépérir à vue d'oeil. Elle finit par accepter sa proposition avant qu'il ne tombe vraiment malade.

L'oncle accepta son retour à une condition : elle devait jurer sur la pierre de vérité qu'elle n'avait jamais fauté avec son neveu.

– Quiconque ment à cette pierre meurt sur le champ, confessa Aiko. Je dois passer l'épreuve ce soir. Si je ne dis pas la vérité, je serai foudroyée ; si je la dis, mon mari me fera exécuter. Dans les deux cas, ce sera la mort assurée et l'exil pour Haku.

Kanasi se dit que la situation de cette jeune femme était des plus inconfortables. Quoiqu'elle fasse, elle mourait. Pouvait-on dire un mensonge qui fut la vérité ? C'était toute la question, et Kanasi y songea un long moment quand lui vint une idée.

– Ce soir, vous devrez mettre votre plus beau kimono, expliqua-t-il. Il y a un petit marécage aux alentours du site où se trouve la pierre de vérité. C'est la route que vous devrez emprunter. Ne voulant pas souiller votre bel habit, vous chercherez quelqu'un pour vous porter. Seul un mendiant sera là, et vous lui demanderez ce service. Ce que le mendiant acceptera contre une pièce. Lorsque devant la pierre, on vous demandera si vous avez fauté, vous répondrez que vous n'avez jamais eu entre vos cuisses que votre mari et ce mendiant qui venait de vous porter.

Au moment de l'épreuve, Aiko fit tout ce que Kanasi avait imaginé, et devant la pierre, elle répéta mot pour mot qu'elle n'avait eu entre ses cuisses que son mari et ce mendiant. Un silence angoissant suivit, mais rien n'arriva. Aiko fut lavée de tout soupçon et Haku ne fut pas condamné à l'exil.

Pourquoi la pierre, pourtant infaillible, n'avait pas décelé ce mensonge ? Parce que le mendiant, qui l'avait prise sur son dos, était tout simplement le neveu déguisé. Et en jurant qu'elle n'avait eu entre les cuisses que son mari et ce mendiant, elle disait la stricte vérité.

Pourquoi Kanasi avait aidé cette jeune femme pourtant infidèle? Il ne pouvait laisser mourir quelqu'un dont la seule faute était d'aimer.

Quant à lui, il venait d'apprendre que la vérité pouvait se cacher sous le vêtement du mensonge.

Il reprit sa route. Il avait encore un long chemin à parcourir avant d'arriver à Morioka. Il s'arrêta au bord d'un ruisseau pour se rafraîchir lorsqu'une interrogation arrêta le flux de sa pensée :

« Mieux vaut-il un mensonge qui préserve la vie,
ou une vérité qui déclenche la mort ? »

KANASI ET LE MALIN

Kanasi marchait depuis le matin lorsqu'il s'arrêta dans une auberge pour mendier un peu de nourriture; pratique imposée aux moines pour leur apprendre l'humilité. Pendant que la femme de l'aubergiste remplissait son bol de riz, Kanasi remarqua un homme, seul à une table. Il portait un grand manteau noir et un large chapeau de la même couleur. Le couvre-chef se souleva dans sa direction, et Kanasi put distinguer deux prunelles flamboyantes l'observer.

– Viens donc ici un instant, lança l'homme d'une voix claire.

Kanasi, qui se devait de répondre à l'appel de chaque être humain sans distinction aucune, se dirigea vers la grande silhouette noire qui lui indiqua une chaise.

Deux mains, soigneusement entretenues, servirent le thé. Kanasi s'empara de la tasse qu'elles lui tendaient et s'inclina.

– As-tu trouvé Madame Shinjitsu, lui demanda l'homme avec une intonation étrange.

– Non, répondit Kanasi, je la cherche encore.

– Veux-tu jouer au jeu de la vérité ?

– Je ne connais pas ce jeu.

– C'est simple, il suffit de répondre aux questions de chacun en disant la vérité. A chaque mensonge, on perd un peu de vie.

– Je dis toujours la vérité, je ne vois donc aucune utilité à jouer à ce jeu.

– Comment peux-tu toujours dire la vérité, puisque tu ne l'as pas encore trouvée ?

Kanasi se dit que cet homme était tordu. Mais il avait raison sur ce point: comment pouvait-il être certain de dire tout le temps la vérité, ne l'ayant pas encore trouvée ?

En se penchant pour ramasser une cuillère tombée sur le sol, Kanasi découvrit que cet homme mystérieux avait des pieds de cheval. Il se releva et l'affronta du regard.

– Combien d'hommes et de femmes as-tu piégés à ce jeu de dupe, ne pouvant mourir toi-même ?

Une rangée de dents étincelèrent dans l'ombre du chapeau qui se souleva pour offrir un visage d'une rare beauté. Kanasi voulut le toucher, mais à son contact le jeune homme s'évapora dans un petit nuage noir.

Kanasi venait de rencontrer le plus mauvais des kamis, celui qu'on nommait aussi le « malin ». Il sortit de l'auberge et s'installa à l'ombre d'un arbre pour déguster son bol de riz. A chaque coup de baguette, un mot s'ajoutait à sa cogitation :

« Le malin est très séduisant,
et c'est ça qui est effrayant. »

KANASI ET LA FEMME TRANSPARENTE

Sous cette pluie incessante, la route de Morioka s'avéra difficile. Les chemins de montagne étaient boueux et glissants, le vent chargé d'une humidité glaciale.

À l'embouchure d'une rivière, qui se jetait dans la mer, Kanasi s'arrêta devant une large forteresse construite sur les hauteurs. Elle défendait l'entrée de la ville car les pirates et ennemis du royaume étaient nombreux, et les attaques fréquentes.

Kanasi frappa à la lourde porte et demanda l'hospitalité pour la nuit. Un garde le conduisit vers les quartiers du commandant. En traversant l'immense cour, Kanasi s'étonna de croiser aussi peu de soldats.

Le commandant, un homme corpulent et sombre, le reçut froidement. Kanasi lui fit remarquer qu'il avait peu d'hommes pour défendre un tel ouvrage. Le commandant devint grave, et expliqua que ses soldats descendaient à la ville pour se distraire. La beauté des femmes de la citadelle était légendaire : grandes, fines et d'une rare élégance. Les officiers leur faisaient une cour assidue et étaient reçus dans les meilleures familles. Mais de plus en plus d'entre eux, et de plus en plus souvent, oubliaient de rentrer à la caserne. Il avait beau leur rappeler leur devoir, les menacer des arrêts, ils s'arrangeaient tous, dès que la nuit tombait, pour regagner la ville. Parmi toutes les femmes de la cité, il y en avait une qui suscitait toute l'admiration. La rumeur disait qu'elle vivait dans une somptueuse demeure où chaque soir elle donnait des fêtes, offrait des mets succulents et des vins exceptionnels. Mais la particularité de cette femme était sa peau. Elle était si fine qu'elle semblait transparente. Et à chaque fois qu'elle buvait du vin, on voyait le breuvage descendre dans son corps. Tous les officiers en étaient amoureux et elle était souvent la cause de leurs querelles. C'était à qui attirerait son attention. Il y avait parfois des blessés.

– Ce soir, quand j'ai fait l'appel, il manquait les trois quarts de mes effectifs, se lamenta le commandant. Cela devient un grave problème. Mais le pire, c'est lorsqu'ils sont de retour, ils ne veulent plus obéir, rechignent à l'exercice, et refusent de se battre. Ils ne font que parler de leur amour pour cette femme. J'ai fini par envoyer des soldats pour l'arrêter, mais ils n'ont pas pu la ramener de force, ils étaient eux aussi ensorcelés.

Le commandant suplia Kanasi d'aller parler à cette femme. Lui, ne pouvait le faire sans risquer de tomber sous son charme. Kanasi était moine, il ne risquait pas d'être influencé par une femme. Il fallait qu'elle comprenne la gravité de la situation, le danger que représentait l'état de ses hommes pour la sécurité de la ville et ses habitants. Les pirates et les ennemis du royaume avaient maintenant le champ libre : plus aucun soldat pour s'opposer à eux.

Que des militaires ne veuillent plus faire la guerre à cause de l'amour qui gonflait leur cœur n'était pas pour déplaire à Kanasi. Mais si cela mettait des milliers d'enfants, de femmes et de vieillards en danger de mort, il fallait agir.

Lorsqu'il arriva devant la magnifique demeure, la porte s'ouvrit toute seule. Kanasi pénétra dans une immense salle, illuminée par de hauts vitraux de toutes les couleurs. Au milieu de cette clarté se tenait une femme. La lumière la traversait comme si elle était transparente. Ce corps de lumière était nu, et les formes qu'il dévoilait avaient tout du grand art. Kanasi comprit l'émoi des soldats, car il le ressentit lui-même. Il y avait tant de beauté, de grâce et de sensualité chez cette femme, qu'aucun homme ne pouvait rester indifférent. Elle paraissait fragile avec ce corps de cristal, mais la lumière qu'il dégageait semblait toute puissante. Devant tant de merveilles, Kanasi réalisa ce que les soldats venaient chercher ici : une béatitude lumineuse, faite de paix et de sérénité. Il comprit leur désir de la voir tous les jours et d'abandonner les armes.

La jeune femme se tourna vers lui et sourit. Kanasi ferma aussitôt les yeux ; il était moine, mais il n'en restait pas moins homme. Son visage était envoûtant, et personne ne pouvait résister à la limpidité de ce regard. Kanasi se présenta et lui donna les raisons de sa venue. Les soldats ne faisaient plus leur devoir à cause de l'amour qu'ils lui portaient. Il savait que ses intentions étaient bonnes, et le bien qu'en retiraient ces hommes. Mais tout excès conduit à sa perte, même quand il s'agit d'amour. Et ses hommes étaient en train de se perdre. Kanasi attendit la réponse, mais elle ne vint jamais. Lorsqu'il ouvrit les yeux, la jeune femme avait disparu en emportant avec elle toute la lumière des lieux. Les murs de la grande salle étaient maintenant gris, lézardés et poussiéreux, et le sol jonché de feuilles mortes.

Dehors, l'édifice était recouvert de végétation et tombait en ruine.

Kanasi rapporta les événements au commandant qui fut très satisfait. Le problème était résolu, tout rentrait dans l'ordre pour le bien de tous. Lorsqu'il demanda ce qu'il pouvait faire pour le remercier, Kanasi demanda s'il savait où se trouvait la vérité. Le général parut désarmé : comment pouvait-il le savoir, si lui, un moine, ne le savait pas.

Kanasi reprit sa route sous un soleil ardent. Il gravit la montagne et surplomba l'immensité de la mer. Une affirmation jaillit de cette vision :

« La vraie beauté rend les gens plus beaux. »

KANASI ET LE LABOUREUR

Pendant qu'il marchait, Kanasi ressassait la réaction excessive du joaillier durant le mariage et son séjour en prison. C'était bien la première fois de sa vie qu'il était arrêté pour tentative de meurtre. Quel secret cachait cet homme ?

Il regarda son magatama, et à part sa couleur, il n'avait rien de particulier. Il le colla à son oreille, mais aucun son, aucune vibration ne sortait de la pierre. Il était dans ses réflexions lorsqu'un jeune homme l'arrêta et lui demanda s'il avait vu un cheval, grand, noir, et quelque peu effrayant. Kanasi n'avait rien vu de tel, et pourtant il marchait sur cette route depuis des semaines. Le jeune homme, qui répondait au prénom de Bunji, sembla contrarié et raconta son histoire.

Il y a quelques années, il était parti comme chaque jour travailler dans ses champs lorsqu'il tomba sur un cheval qui broutait tranquillement dans son pré. Il était si laid qu'il en était repoussant, mais il remarqua qu'il était blessé à la patte et le ramena chez lui pour le soigner.

Après quelques semaines, il voulut l'atteler pour les labours, mais le cheval rua dans tous les sens, cassant tout ce qui était à portée de ses sabots: portes, fenêtres, charrette... Bunji se dit que ce cheval était bien ingrat, mais il le laissa tranquille.

Une fièvre gagna la région et fit de plus en plus de morts. Les paysans débarquèrent dans la cour de sa ferme en accusant son cheval d'être la cause de cette malédiction. Il était un mauvais Kami, venu ici pour se venger. Bunji argua qu'il vivait avec cet animal depuis des semaines, et personne n'était tombé malade. Les paysans ne l'entendirent pas de cette oreille et se dirigèrent vers l'écurie pour se débarrasser de la maudite bête. Bunji s'empara de sa fourche et leur barra la route; il faudrait d'abord le tuer. Les villageois, courageux mais pas téméraires, rebroussèrent chemin en jurant de revenir armés.

Bunji repartit au champ, et trouva son cheval qui poussait l'araire du museau pour lui signifier qu'il était prêt à labourer.

Ainsi fut fait, et Bunji fut surpris: le cheval possédait une force extraordinaire. Il labourait la terre aussi facilement qu'un couteau tranche la graisse. Ce champ, qui demandait habituellement une semaine de travail, fut retrourné en quelques heures. Et les sillons étaients si profonds que les tiges de blé qui en sortirent en été ployaient sous l'énormité des épis. Jamais Bunji n'avait fait une aussi belle récolte.

Tout le monde commença à admirer, et jalouser, son horrible cheval car Bunji s'enrichit rapidement. Des paysans des quatre coins de la région lui demandèrent de labourer leur champs contre rénumération. Le cheval suivit son compagnon sans rechigner et laboura toutes les parcelles en un temps record. Tous ces paysans eurent cette année-là des récoltes extraordinaires, et tous purent s'enrichir à leur tour. Il en fut ainsi pendant plusieurs années. Bunji était devenu un homme aisé et important, mais il ne voyait pas son cheval dépérir. Il le faisait travailler jour et nuit, sans relâche. Un matin, il ne le trouva pas dans l'écurie. Il avait disparu. Les paysans, dont la richesse et la paresse étaient devenues une habitude, l'accusèrent de vouloir garder le cheval pour lui tout seul. Ils déboulèrent dans la cour en grand nombre, armés de fourches, et fouillèrent toute la ferme de Bunji. Ne le trouvant pas, ils y mirent le feu.

Seul, au milieu des décombres, Bunji se dit qu'il était puni. Il avait tout perdu à cause de sa cupidité, et surtout son seul ami. Il le cherchait depuis des mois, et était prêt à parcourir tout le pays pour le retrouver et demander pardon. À la question sur la vérité, Bunji répondit qu'elle marchait aux côtés de son cheval. Ils se quittèrent à une croisée de chemin, lorsqu'une réflexion vint à l'esprit de Kanasi :

« L'amitié ne se nourrit pas d'argent. »

KANASI ET LES DEUX SEIGNEURS

Moriako était encore à quelques jours de marche, et Kanasi s'arrêta en haut d'une colline pour y passer la nuit. À ce moment, deux sihouettes marchèrent dans sa direction et s'arrêtèrent à une dizaine de mètres. Les deux hommes, qui semblaient bons amis, ne remarquèrent pas sa présence. Le premier, le seigneur Mamato, regarda longtemps les étoiles qui brillaient dans le ciel, puis se tourna vers le seigneur Uko :

– Regarde mon beau domaine !

– De quel domaine parles-tu, demanda le seigneur Uko.

– Le ciel tout entier.

– Je ne comprends toujours pas.

– Le ciel que tu peux voir est à moi. Et tu ne trouveras jamais domaine plus beau et plus vaste.

Le seigneur Uko le trouva fort prétentieux et décida de rentrer dans le jeu.

– Quel beau troupeau est le mien !

– De quel troupeau parles-tu ? S'étonna le seigneur Mamato.

– Mon troupeau est constitué de ces innombrables étoiles. Et tu ne pourras jamais trouver troupeau plus nombreux.

Le seigneur Mamoto n'apprécia guère et répliqua aussitôt :

– Ton troupeau est en train de pâturer sur mon domaine sans mon autorisation et je ne saurais le tolérer plus longtemps.

Ils devinrent de plus en plus véhéments jusqu'à devenir violents. Le seigneur Mamato hurlait qu'il n'avait aucun droit de laisser ses bêtes sur ses pâturages. Son adversaire répliquait que son troupeau d'étoiles était là bien avant le ciel. Les deux seigneurs finirent par brandir le spectre de la guerre et se donnèrent rendez-vous le lendemain, ici même, avec leur armée. Puis, d'un pas rageur, ils partirent dans une direction opposée. Kanasi se dit que ces deux-là se jalousaient, et n'étaient pas de vrais amis.

Aux premières heures du jour, un cliquetis métallique réveilla Kanasi. Les deux seigneurs se faisaient face à la tête de milliers d'hommes. Une lueur bleutée et aveuglante jallissait des armes et des armures.

– Vas-tu rappeler ton troupeau hors de mon domaine, lança le seigneur Mamato.

– Vas-tu laisser aller mon troupeau là où il a toujours été ? répliqua l'autre.

Les deux blocs hérissés de pointes allaient s'embrocher quand Muhastu intervint.

– Quelle mouche vous pique ? lança-t-il aux deux hommes. Le ciel et les étoiles n'appartiennent à personne car ils appartiennent à tout le monde. Comment deux amis peuvent-ils oublier tout ce qu'ils ont partagé pour une querelle aussi stupide ?

Les deux seigneurs furent ébranlés par l'aplomb et les paroles du jeune moine. Ils se regardèrent presque honteux et firent la paix, jusqu'à la prochaine dispute.

En regardant les deux armées repartir ensemble et dans la même direction, Kanasi se dit que la vérité ne pouvait exister que dans la concorde. Avant de reprendre sa route, il s'immergea dans l'immensité du ciel... Une réflexion traversa son esprit :

« Les faux amis sont pires que les vrais ennemis. »

KANASI ET LE CHASSEUR

Kanasi avait fait le choix d'un chemin de montagne pour gagner du temps, mais le sentier était étroit et dangereux. A chaque pas, une pierre roulait et tombait dans le fond du ravin.

Devant lui, marchait Akiro, un jeune homme d'une trentaine d'années. Ses épaules semblaient porter toute la misère du monde. Ses yeux étaient rouges d'avoir trop pleuré et ses longs cheveux pendaient comme des vieilles cordes ; à la taille, il portait un sabre.

Le jeune homme avait aimé une jeune fille qu'il devait épouser. La journée précédant le mariage, il passa tout son temps avec elle, et le soir venu, il l'embrassa en cachette et promit de revenir tôt le matin pour l'emmener lui-même sur les lieux de la cérémonie. Elle se blottit dans ses bras : elle souffrait déjà de l'attente. Mais elle l'aimait si fort qu'elle pourrait l'attendre des siècles. Il s'arracha avec peine de son étreinte, monta sur son cheval et s'enfonça dans la nuit sans lune pour rentrer chez lui.

Il traversait l'immense forêt de pins, lorsqu'il entendit le son des cornes. Qui pouvait chasser à une heure pareille dans une totale obscurité ? Il prit la direction de la musique et arriva dans une vaste clairière où bivouaquait tout un équipage de chasse qui portait de grands manteaux rouges. Le chef était un homme robuste et d'un certain âge, ses prunelles flamboyaient comme celles d'un animal sauvage. Il vit Akiro et lui fit signe de les rejoindre. Ce dernier pénétra avec son cheval dans le cercle des cavaliers. Les hommes montaient de superbes étalons noirs dont les muscles luisaient sous l'étrange lumière qui régnait autour d'eux. Soudain, le vieux chef fit hurler sa corne : les chiens, les chasseurs, et Akiro lui-même, tous s'élancèrent dans une furieuse galopade.

Akiro connaissait bien cette forêt et pourtant elle lui parut immense et sans fin. Ils dévalaient les collines, traversaient les clairières, les ravins, les ruisseaux, gravissaient de nouvelles collines... Le vent mugissait, la meute de chiens hurlait, la corne sonnait son épouvantable vacarme. Ils volèrent au-dessus des montagnes, traversèrent des lacs, franchirent des estuaires. Le vent glacial cinglait les oreilles d'Akiro.

– Arrêtez ! Arrêtez ! criait-t-il.

Sa voix se perdait dans le tumulte. Il ne contrôlait plus son cheval qui semblait mû par une force invisible ; il ne pouvait pas non plus sauter de sa selle sans se casser le cou. Les chevaux s'élancèrent sur la mer, retrouvèrent des rivages, franchirent de nouvelles montagnes. Cela dura longtemps, longtemps, son cheval galopant, galopant sans être harassé un seul instant. La nuit était interminable, et Akiro finit par fermer les yeux. Lorsqu'il les rouvrait, il voyait des montagnes, des plaines, des rivages. Alors, il les refermait, le cœur déchiré, car chaque galop l'éloignait un peu plus de celle qu'il aimait.

Tout à coup, son cheval s'arrêta et l'éjecta de la selle. Akiro roula sur le sol pendant que l'équipage tournoyait et reprenait sa course folle.

Les premières lueurs de l'aube embrasèrent l'horizon. Akiro se leva en chancelant et reconnut les lieux. Il se trouvait dans la clairière d'où était partie la cavalcade. Il fut rassuré, malgré cette nuit infernale, il serait à l'heure pour conduire sa fiancée à la cérémonie de mariage.

D'un pas encore hésitant, il se dirigea vers sa maison. En arrivant devant l'entrée, il vit une silhouette qui attendait à la fenêtre. La porte s'ouvrit, et le cœur gonflé de joie, Akiro se précipita vers la jeune femme qui lui tendait les bras. Mais stupeur, sa fiancée avait les cheveux aussi blancs qu'un matin d'hiver.

– Enfin ! s'écria-t-elle, voici trente ans que je t'attends. Mais comment se fait-il que tu n'aies pas vieilli ?

Akiro se sentit misérable. Il la prit dans ses bras et la serra très fort. Elle avait vieilli, mais il la trouvait encore plus belle.

Il lui raconta comment il avait été entraîné dans cette chasse infernale. Elle lui pardonna de ne pas avoir tenu sa promesse. Elle, l'avait attendu, tenue par la sienne. L'important était qu'il soit vivant et à nouveau ensemble.

Ils se marièrent à la date fixée, mais trente ans plus tard. Ils n'eurent jamais d'enfant et vécurent très heureux.

Akiro garda le silence un long moment :
– Elle est morte depuis trois jours. Je viens juste de l'enterrer.
Kanasi compatit en priant.

Akiro le remercia. Il l'avait écouté en silence, sans le prendre pour un fou. Sa main se crispa sur le manche de son sabre : il allait maintenant retrouver cet équipage de malheur et demander des comptes.

Kanasi se dit que cette histoire était incroyable, et les paroles de son Maître lui revinrent en mémoire : « Pourquoi limiter les choses ? ». À sa sempiternelle question, Akiro répondit que pour trouver la vérité, il ne fallait pas quitter sa route.

En l'observant prendre un autre sentier, Kanasi se remémora un dicton :

« Les êtres purs tiennent toujours leurs promesses
et pardonnent à ceux qui ne les tiennent pas. »

KANASI ET LES TROIS FOUS

Plus Kanasi se rapprochait de la ville de Moriako, plus son appréhension montait : quelle découverte l'attendait là-bas ? Comment le joaillier allait-il réagir ? Allait-on encore le jeter en prison ?

Trois paysans le rattrapèrent sur la route. Ils avaient besoin d'un moine pour les départager. Kanasi s'installa alors sous un arbre pour écouter les trois hommes.

– Et bien voilà dit le plus vieux, chacun de nous dit qu'il est plus fou que les deux autres. Ton regard avisé saura dire lequel de nous a raison.

– Qu'est-ce qui te fait dire que tu es fou ? demanda Kanasi.

– J'ai pour ça une histoire à te raconter.

– Vas-y je t'écoute.

Le vieil homme s'assit en tailleur.

– Un jour, je me suis disputé avec ma compagne pour savoir qui, de l'homme ou de la femme, était le plus bavard. À bout d'argument, je lui proposais de résoudre la question en restant couchés avec interdiction de dire un seul mot. Nous verrions lequel de nous deux parlerait le premier. Elle accepta et nous nous couchâmes. Le lendemain matin, nous restâmes toute la journée au lit pour éviter d'avoir à ouvrir la bouche. Nos voisins et amis, ne nous voyant point de tout le jour, frappèrent chez nous. Ni ma femme ni moi ne voulûmes répondre. Ils cognèrent de plus en fort et finirent par défoncer la porte. En pénétrant dans la pièce, ils furent stupéfaits de nous trouver vivants. À leurs questions, nous restâmes silencieux et ils se convainquirent que nous étions atteints d'un mal étrange. Ils firent chercher le médecin qui nous ausculta, mais ne trouva rien d'anormal. Il sortit de son sac une grosse aiguille d'acupuncture et me l'enfonça un peu partout. Malgré la douleur des piqures, aucun son ne sortit de ma bouche, je ne voulais en aucun cas perdre mon pari. Il passa à ma femme qui se mit à crier avant même que l'aiguille ne la touchât : elle lança que j'avais gagné, mais que cela ne prouvait en rien que les femmes fussent plus bavardes que les hommes. Les gens déclarèrent que je devais être fou pour avoir ameuté tout le village et supporté une telle souffrance pour un pari aussi futile.

Pour Kanasi, ce n'était pas de la folie, mais de l'orgueil, qui pouvait effectivement conduire aux actes les plus fous. Mais il était sain d'esprit, seulement un peu trop vaniteux.

Le deuxième paysan, légèrement plus jeune, prit sa place et raconta son histoire :

– Un jour, je me rendis au marché de la ville pour y vendre quelques légumes. J'avais chargé mon panier de cinq grosses courges. Lorsque j'arrivai aux portes de la ville, je fus arrêté par le garde qui exigea un droit de passage et me prit ma plus belle courge. Je remontai la grande rue vers le marché lorsqu'un militaire m'arrêta.

Je devais lui donner une courge pour le ministre de la Guerre. Un peu plus loin, un policier me barra la route. Je me délestais d'une autre courge pour le ministre de l'Intérieur. Puis, un haut fonctionnaire me prit la quatrième pour le ministre de la Justice. J'allais arriver au marché, lorsqu'un homme paré d'or exigea mon dernier légume pour la table du seigneur. Devant mes protestations, l'homme me menaça de bastonnade et de prison. Je m'exécutai de mauvaise grâce et rentrai chez moi le panier vide. En passant devant le bureau des taxes, je ne pus m'empêcher de raconter ma mésaventure. J'y appris que je m'étais fait rouler, aucune imposition de la sorte n'avait cours.

Je décidai de me rendre auprès des ministres dont on avait invoqué sans raison l'autorité, et exiger le remboursement de mes courges.

Le lendemain matin, je me rendis au ministère de la Guerre pour protester contre les agissements des deux militaires. L'officier de service écouta ma plainte et me dit d'attendre devant l'entrée. J'attendis là un jour, deux jours, le soir du troisième, le ministre finit par remarquer ma présence. Il me demanda sèchement ce que je voulais ; je lui contai mon histoire. Pour lui, ce vol avait eu lieu sur la voie publique ; cela concernait le ministre de l'Intérieur. Lui seul pouvait intervenir.

Le jour suivant, je me rendis au ministère de l'Intérieur. Là aussi, le ministre mit trois jours avant de remarquer ma présence. Après avoir entendu ma requête, il me renvoya au ministère de la Justice. Je me plaignais d'une iniquité ; seul ce ministre pouvait intervenir.

Au ministère de la Justice, j'attendis directement devant la porte, et suivis le ministre dans tous ses déplacements. À la demi-journée, il avait remarqué ma présence et écouta ma requête.

– Les personnes incriminées sont toutes fonctionnaires. Tu dois te plaindre à celui dont elles dépendent : le premier ministre.

Le lendemain, je suivais le premier ministre depuis seulement une heure lorsqu'il s'arrêta et me demanda ce que je voulais. Après m'avoir entendu, il réfléchit un long moment.

– L'affaire est grave et concerne tous les fonctionnaires du royaume. Seul le seigneur est habilité à prendre une décision de cette importance. Tu sais où se trouve son palais, lui seul peut intervenir.

Je me rendis le jour même au palais, mais je fus arrêté par les gardes car je n'avais ni convocation, ni laisser-passer. Au même moment, le seigneur sortit de l'édifice accompagné d'une troupe compacte. Il était impossible de pénétrer ce cercle sans risquer de se faire tuer. Je réfléchissais à la façon de l'approcher quand le seigneur s'avança vers moi.

– Dans tous les ministères on ne parle que de toi. Une histoire de courges, je crois.

Je m'inclinai, lui racontai ma mésaventure et tout ce que j'avais enduré pour arriver jusqu'à lui. Il me répondit que tous les ministres avaient bien ri, mais la chose était grave. Si les fonctionnaires étaient capables de tels agissements envers un simple paysan et sa maigre récolte, on pouvait imaginer ce qu'ils prélevaient sur l'ensemble des marchandises qui entraient dans la ville. Il me remercia de l'avoir prévenu, les choses allaient changer. Il me demanda ce que je désirais, je pouvais tout demander. Je réclamai mon dû, le prix de mes cinq courges.

Le paysan prit quelques secondes pour revenir à la réalité.

– Lorsque je raconte cette histoire, tout le monde dit que je suis complètement fou. Au roi, j'aurais pu demander de l'or, des terres, un poste dans l'administration. Et lorsque je leur réponds que j'ai fait ça uniquement pour défendre mes droits, ils rient encore plus fort en levant les yeux au ciel.

Kanasi dit qu'il ne voyait pas là la folie, mais un amour immodéré pour la justice. Son obstination qu'on jugeait folle, avait permis à la province de se débarrasser de fonctionnaires corrompus et d'offrir au peuple un peu de sérénité.

Le troisième paysan pris la place du précédent. Il était le plus jeune, et avait aussi son histoire.

– Je suis né d'un père assez fortuné et j'ai un frère d'une grande intelligence. Lorsque mon père décéda, le lettré du village me dit que je devais prendre la moitié de tout ce que possédait mon père. Je me rendis dans sa maison et y trouvai beaucoup de vêtements, de robes, de manteaux, de chapeaux. Je découpai tout consciencieusement en deux morceaux : un tas pour mon frère, un tas pour moi. Je brisai toute la vaisselle, assiettes, bols, plats, écuelles, et en fis deux tas parfaitement égaux. Je sciai tous les meubles en deux parties strictement égales, les lits, les chaises, les tables. Je coupai aussi la maison qui malheureusement s'effondra. Avec les chevaux, et les vaches, ce fut plus difficile, mais je fis de même. Lorsque mon frère arriva, il rentra dans une grande colère et me traita de fou. On me garda quelque temps en prison, de peur que je découpe aussi mes tantes et mes nièces. Je suis sorti de cellule il y a seulement quelques jours, et je suis probablement le plus fou des trois à cause de la gravité de mes actes.

Encore une fois, Kanasi ne vit pas la folie dans cette histoire, mais plutôt une grande naïveté. D'avoir tout partagé, jusqu'aux animaux, était sans doute excessif, mais il avait suivi à la lettre ce que lui avait recommandé le lettré en qui il avait certainement une grande confiance.

Kanasi était au regret de leur annoncer qu'aucun d'eux n'avait perdu la tête. Pas un n'était plus fou que les deux autres. Leurs actes avaient tous une raison, ce que le fou, lui, n'avait plus.

Les trois paysans le remercièrent en s'inclinant. C'était un bon moine, et il deviendrait certainement quelqu'un d'important.

Muhasu les regarda s'éloigner jusqu'à ce qu'ils disparaissent dans le paysage.

« Est-ce que les fous cherchent aussi la vérité ? » se demanda-t-il. En repensant aux récits de ces trois hommes, un petit aphorisme s'imposa :

« Si on connaissait toutes les raisons de ses actes,
on aurait toutes les raisons de ne pas agir »

KANASI ET LES BULLES D'EAU

Kanasi aperçut le pic enneigé de la montagne Iwate qui dominait la ville de Morioka.

En pénétrant dans la cité, il se rendit directement à la maison de l'orfèvre. Il frappa à la porte et une jeune femme de son âge ouvrit. Elle avait les traits tirés et semblait triste. Lorsqu'il demanda à voir le bijoutier, la jeune fille éclata en sanglots.

– Que t'arrive-t-il ? demanda Kanasi.

– Mon oncle est mort, répondit la jeune fille.

– Quand ?

– Lorsque nous revenions d'Edo. Il s'est senti très mal. Une forte fièvre l'a emporté.

– Toutes mes condoléances, lança Kanasi.

La jeune femme sécha ses larmes.

– Pourquoi voulais-tu voir mon oncle ?

Kanasi se demanda s'il était opportun de montrer son magatama. Mais après avoir parcouru près de cinq cent kilomètres, vécu autant d'histoires et de rencontres, l'envie de savoir était devenue trop forte. Il brandit sa pierre :

– Ton oncle l'a-t-il fabriquée ?

La jeune femme l'examina sous tous les angles.

– Qu'est-ce qui te fait dire ça ?

Kanasi lui raconta tout le parcours que lui avait fait prendre la pierre : le départ du temple avec ce seul témoignage de son passé, sa couleur unique, les carrières du mont Sin, son cousin le poète.

– Tout t'a conduit à mon oncle, mais ça ne veut pas dire qu'il en est l'auteur.

Kanasi dut en convenir, mais il sentait qu'il y avait un lien. Il n'osa pas évoquer le comportement étrange de son oncle qui avait crié au meurtre en voyant la pierre, ce qui lui avait valu un séjour en prison. Elle aurait pu croire qu'il fut responsable de sa mort. Kanasi s'apprêtait à quitter les lieux lorsqu'elle lui proposa de goûter au plat qu'elle venait de préparer. Il pourrait également prendre un bain et laver ses affaires qui semblaient bien sales. Kanasi demanda pardon pour sa négligence, il la remercia et la suivit dans la maison.

Elle était seule à occuper les lieux. Sa mère était morte à sa naissance, et son père des suites d'une maladie des poumons. Elle vivait depuis deux ans avec son oncle et les deux servantes qui avaient fini par quitter la maison.

– Ne songes-tu pas à te marier ? demanda Kanasi.

Elle éclata de rire.

– Non, et plus personne ne peut me forcer.

Kanasi put se refaire une beauté et apprécier la qualité de sa cuisine. Un véritable cordon bleu.

Ils se rendirent dans l'atelier resté intact ; on s'attendait à voir l'oncle surgir à tout moment pour s'installer travailler. Akane ne savait pas si elle allait reprendre son affaire. Il lui avait tout appris, bien qu'elle soit une femme. Elle devait réfléchir.

Elle lui montra sa chambre. Demain, ils se rendraient chez Maître Itô, un ami de son oncle également orfèvre. Il pourrait peut être le renseigner sur sa pierre. Kanasi la remercia et s'allongea sur le tatami. Il n'avait pas apprécié un tel confort depuis longtemps. Il s'endormit aussitôt et fût réveillé par une bonne odeur de cuisine.

Maître Itô habitait à plus de quinze kilomètres, et il leur fallut une bonne demi-journée à pied pour les parcourir. Lorsqu'ils arrivèrent à sa porte, l'artisan était en train de se faire arrêter par des soldats. Ils avaient ordre de le ramener au château du seigneur. Maître Itô reconnut Akane et lui confia que la femme du seigneur était devenue folle. Elle voulait un diadème serti de bulles d'eau. Tous les orfèvres, bijoutiers, joailliers de la province sollicités avaient répondu que c'était impossible à réaliser. Tous avaient fini en prison. Maintenant, c'était son tour, et il serait bien obligé de dire la même chose.

Kanasi réfléchit et dit aux soldats qu'il pouvait faire le bijou serti de bulles d'eau. Qu'ils laissent cet homme tranquille et le conduisent auprès du seigneur. Akane et Maître Itô se regardèrent sans comprendre, et lui emboitèrent le pas.

Dans la grande salle du château, le seigneur s'étonna de voir un religieux.

– Que veux-tu, jeune moine ?

– Je viens faire le diadème de bulles d'eau, répondit Kanasi avec simplicité.

– Sais-tu que beaucoup d'hommes sont en prison à cause de ce diadème ? Ils ont tous déclaré que la chose était impossible.

– Chacun son opinion, pour moi c'est faisable.

La femme du seigneur arriva couverte de bijoux.

– Ma bien aimée, j'ai une bonne nouvelle, ce jeune homme va nous faire ce diadème de bulles d'eau.

– Ce n'est pas trop tôt ! hurla t-elle en posant son gros derrière.

– Eh bien, lança le seigneur, qu'attends-tu pour commencer ?

– Je ne le ferai qu'à une condition, fit Kanasi.

– Elle t'est accordée d'avance, gloussa la femme, n'est-ce pas, mon adoré ?

– Certes, répondit l'adoré, foi de seigneur.

– Le diadème ! le diadème ! s'impatienta la femme.

– Je ferai ce diadème à cette seule condition : que vous alliez vous-même me chercher les bulles d'eau !

– Mais c'est impossible, cria-t-elle.

Il fut convenu que ce bijou était impossible à réaliser, la femme du seigneur l'ayant elle-même admi. Le seigneur remercia discrètement Kanasi, car cette histoire commençait à l'agacer. Mais il ne savait rien refuser à sa femme. Elle pleurait si facilement.

Tous les bijoutiers, orfèvres et joalliers de la province furent relâchés. Ils fêtèrent leur sauveur en organisant un grand repas. Akane et Maître Itô furent invités. Kanasi put montrer son magatama à tous ces spécialistes qui, non seulement ne reconnurent pas le style de l'oncle d'Akane, mais ne voyaient pas qui pouvait l'avoir fabriqué.

Sur le chemin du retour, Akane dit à Kanasi qu'il avait agi avec une grande intelligence et beaucoup de malice. Son maître pouvait être fier de lui. Elle espérait du fond du cœur qu'ils trouvent l'origine de sa magatama.

Kanasi fut touché par sa sincérité. C'était la première fois qu'il avait une amie. Au cours de ses aventures, il n'avait lié aucune relation particulière, et encore moins avec une femme. Mais avec Akane tout paraissait facile.

En marchant derrière elle sur le sentier rocailleux, il repensa au seigneur et à sa femme, et un petit poème prit forme :

« Amour insatisfait, rend odieux.
Amour satisfait, rend idiot. »

KANASI ET LES DEUX MOINES

Depuis trois jours, le soleil ne se levait pas. Il restait invisible, et toute la ville était paralysée par cette soudaine obscurité. Le seigneur de la province était tout aussi désorienté que la population. Tous les savants et astrologues de son fief n'avaient aucune explication, et surtout aucune solution. Seuls les vendeurs de luminaires se frottaient les mains ; les habitants avaient littéralement dévalisé leur magasin, ils n'avaient même plus une bougie à vendre.

Kanasi accompagna Akane chez l'homme de loi pour régler la succession de son oncle. En arrivant à l'étude, il s'assit sur un banc du parc, il l'attendrait là. Akane pénétra dans l'office et Kanasi regarda le ciel. Il était noir et étoilé, alors qu'il était midi. Tous les gens qui passaient devant lui avaient l'air effrayés. Tous s'arrêtaient et s'agenouillaient pour recevoir sa bénédiction. Soudain, ils se tournaient vers Bouddha.

Un jeune paysan confia à Kanasi qu'il savait pourquoi le soleil ne se montrait pas. Il avait tenté de le dire au seigneur sur ordre de son père, mais on n'avait pas voulu le laisser parler. C'était le moine Tanaka qui empêchait qu'il se lève. Il s'était violemment disputé avec son collègue, le moine Zuki. Ce dernier, devenu furieux, avait ordonné par sa puissance reçue de Bouddha que la tête de Tanaka explose au prochain rayon de soleil. Tanaka avait alors ordonné par sa puissance reçue de Bouddha que le soleil ne se levât pas. Ils avaient quitté leur douillet ermitage sur cette position et chacun s'était retiré dans sa grotte.

Kanasi hésita en regardant l'office où se trouvait Akane, mais la situation était urgente. Il demanda au jeune garçon de le conduire auprès des deux moines.

Il trouva le moine Tanaka en pleine prière dans un trou de la falaise. Il devait libérer le soleil. Il mettait tout le monde en péril, les gens devenaient fous, il fallait leur rendre la lumière.

Tanaka, que ces quelques jours dans cette pièce exiguë avait calmé, répondit d'une voix douce: il voulait bien laisser le soleil se lever, mais sa tête exploserait. Le moine Zuki savait ce qu'il convenait de faire.

Ce dernier, que ces quelques jours dans la mousse et l'humidité de la grotte avait également radouci, se désola. L'ordre qu'il avait donné, et malheureusement dans la colère, il ne pouvait le défaire. Et pour éviter l'explosion de la tête de son ami, le soleil ne devait pas se lever.

La situation était insoluble, et Kanasi demanda à réfléchir. Il s'installa sous un cerisier et ferma les yeux.

Il retrouva le moine Zuki et lui demanda le terme exact qu'il avait employé pour formuler sa menace : tête ou crâne ?

La réponse était tête. Il dit alors au moine Tanaka de s'enduire toute la tête et le visage de boue et de laisser durcir. Le moine n'eut pas d'autre solution que de lui faire confiance et s'exécuta.

Lorsque les premiers rayons sortirent de terre, ce fut un émerveillement. Toute la ville était debout pour assister à ce spectacle grandiose. La lumière nourricière revenait enfin, la vie était à nouveau possible.

Comme il avait été ordonné, la tête de terre de Tanaka explosa, mais pas son crâne. Les deux moines se réconcilèrent, pas mécontents de retrouver le confort de leur petit ermitage, et firent de longues prières pour expier leur faute. Ils remercièrent Kanasi de les avoir tirés de ce mauvais pas. Ils prieraient pour lui dans sa quête de vérité, eux-mêmes ne l'ayant pas complètement trouvée.

Lorsque Kanasi raconta l'histoire à Akane, elle en resta bouche bée. Puis, elle s'étonna :

– Comment des moines capables de se bagarrer pour des chimères ont un tel pouvoir ? Bouddha choisirait-il mal ceux à qui il donne un peu de sa puissance ?

Muhasu la rassura, les deux moines avaient eu si peur qu'ils avaient compris la leçon.

Elle raconta à son tour qu'elle l'avait cherché partout et s'était inquiétée. Quant à son oncle, il lui avait laissé son affaire et tous ses biens dont une petite maison sur la péninsule de Shimokita. Elle irait volontiers la visiter, si Kanasi voulait bien l'accompagner. Kanasi accepta avec entrain et ils arrêtèrent une date. Pendant qu'elle filait à la cuisine pour leur préparer un plat comme elle seule savait le faire, Kanasi repensa à ces deux moines et se rappela les paroles de Bouddha :

« Rester en colère, c'est comme saisir un charbon ardent avec l'intention de le jeter sur quelqu'un ; c'est vous qui vous brûlez. »

KANASI ET LE SERPENT VENIMEUX

Kanasi accompagna Akane dans son voyage jusqu'à la péninsule de Shimokita, au nord du pays, où se trouvait la petite maison que lui avait cédée son oncle. Ce trajet de plusieurs semaines à pied ne lui faisait pas peur. C'était une bonne marcheuse, et si Kanasi pouvait parcourir une telle distance, elle le pouvait aussi. Quant à dormir à la belle étoile, ce ne serait pas la première fois.

Après une journée de marche à gravir la montagne, ils firent halte dans une petite auberge. Akane se coucha aussitôt arpès avoir avalé une soupe. Kanasi, plus aguerri aux longues marches, décida de profiter un peu de l'endroit. Il sortit de l'établissement et marcha jusqu'au belvédère qui dominait toute la vallée. Le ciel était pur et rempli d'étoiles. Au loin scintillait la ville de Morioka

La voix d'un homme retentit derrière lui.

– C'est ici que j'ai rencontré Bouddha

Kanasi se retourna et découvrit un vieux paysan qui portait un habit tout rapiécé.

– Tu as rencontré Boudha ? repéta Kanasi.

– Il y a fort longtemps, et il était habillé un peu comme toi. Il était grand et maigre, et surtout jeune. À l'époque j'étais pauvre, mes parents avaient été tués lors d'une invasion, moi j'avais réussi à fuir. Depuis, j'errai à la recherche de petits emplois pour ne pas devenir un voleur. Un soir, je m'arrêtai ici pour profiter comme toi de la vue. C'est là qu'il m'a interpellé.

– Je suis Bouddha, et j'ai vu les épreuves que tu as traversées, je vais faire de toi un homme heureux. Suis-moi, et écoute bien mes paroles.

Nous fîmes alors quelques pas.

– Voilà de l'or ! me dit le Bouddha en désignant du doigt une touffe de pâquerettes.

– Ces simples fleurs sont de l'or ! m'écriai-je.

– Tu doutes ? fit-il. Oublies-tu déjà ce que je t'ai dit : écoute bien mes paroles.

Le bouddha me regardait avec des yeux qui semblaient voir à l'intérieur de moi. Je me dis que ces fleurs et cette herbe n'étaient pas de l'or : il était sans doute dessous, je n'avais qu'à creuser.

Je me mis à fouiller la terre, elle était très humide, et à force de creuser une eau claire jaillit du trou. J'en profitai pour étancher ma soif.

– Suis-moi, fit alors Bouddha.

Quelques pas plus loin, Bouddha s'arrêta :

– Voilà de l'or ! me dit-il, en posant son doigt sur le sol.

Je m'agenouillai aussitôt et me mit à creuser. Un épi de maïs aux grains bien gonflés émergea de la terre. « Cet épi n'est pas de l'or ! » me dis-je, et je m'apprêtais à creuser plus profond lorsque le Bouddha m'arrêta.

– Suis-moi.

Il m'entraina jusqu'à un champ en friche où la source d'eau que j'avais fait jallir était devenue un petit ruisseau.

– Voilà de l'or ! fit Bouddha en désignant le champ.

Je rentrai dans le champ et me mit à fouiller la terre. Mais j'eu beau creuser partout, je ne retournais que des pierres.

– Il n'y a pas d'or ici ! lançai-je au bouddha.

Ce dernier secoua la tête et fit encore quelques pas.

Il me montra du pied un endroit du sol qui présentait un léger renflement :

– Ici, c'est un serpent venimeux !

À chaque fois qu'il m'avait dit qu'il y avait de l'or, je n'en avais pas trouvé, et là, il me disait qu'il y avait un serpent venimeux. C'était certainement là qu'il se trouvait. Je creusai aussitôt et rencontrai un objet métallique. C'était le couvercle d'un coffre. Je l'ouvris et libérai une pluie de pierres précieuses et de pièces d'or. Je relevai la tête pour remercier Bouddha, il avait disparu.

Il me fallait maintenant transporter ce trésor dans ma cabane. Mais le coffre paraissait sans fond, plus je piochais, plus il y en avait. Plusieurs jours furent nécessaires pour le vider et un nombre incalculable d'allers et retours. Ce qui attira l'attention d'un voisin malveillant qui avertit aussitôt les autorités de ma découverte. La nouvelle remonta jusqu'au seigneur Mamoto dont les mots or et diamant excitèrent l'appétit. Il donna l'ordre d'amener devant lui le voleur et son trésor.

Toutes les pièces d'or et pierres précieuses furent déversées à ses pieds. Ses courtisans en sifflèrent d'admiration, lui-même fut ébloui par tant de richesse.

– Sais-tu, misérable, que tu t'es emparé d'un trésor qui m'appartient, me lança-il. Tu t'es permis de piller illégalement mes terres et voulais garder ce trésor pour toi. Ton châtiment est la mort. Tu seras pendu dans trois jours. Emmenez-le !

Je voulu m'expliquer, raconter l'intervention de Bouddha, mais on ne m'autorisa pas à parler. Je fus jeté dans une cellule en attendant mon exécution.

Le seigneur de la province voisine, dont la frontière passait par ce champ, entendit parler de l'affaire. Il réclama aussitôt la part du trésor qui lui revenait légalement. Les deux provinces se firent la guerre, beaucoup de soldats et de civils moururent, jusqu'au seigneur Mamoto lui-même qui perdit la vie sur un champ de bataille. Les ennemis prirent la ville et libérèrent tous les prisonniers.

En rentrant chez moi, je ne vis que destruction, souffrance et mort.

Brusquement, tout s'éclaira : la source, l'épi, le champ, et le « serpent venimeux ». Aveuglé par ma cupidité et ma sottise, je n'avais pas entendu les paroles de Bouddha ; je n'avais pas compris ce qui pour lui était de l'or. En utilisant l'eau je pouvais irriguer le champ et y semer les grains de maïs, je pouvais sortir de ma pauvreté et devenir un homme accompli, fier de son travail. Le serpent venimeux m'avait mordu et mordu tout le monde; nous étions tous devenus fous. Grâce à cette guerre, j'ai pu récupérer la ferme des mes parents. Et depuis, chaque année, je vois mon maïs pousser, et l'amour pour ma femme et mes enfants grandir. Aujourd'hui, je suis un homme heureux.

À la fameuse question, le paysan répondit que la vérité se trouvait en labourant son champ.

Une fois seul, Kanasi réfléchit longuement à ce serpent venimeux qui mordait de plus en plus de gens.

Un dicton arabe lui traversa l'esprit :

« L'argent est un bon serviteur,
mais un mauvais maître. »

KANASI ET LE PERROQUET

Akane avait pris le rythme et bien souvent marchait devant. Elle n'avait jamais fait un aussi long voyage et elle s'enchantait de la multitude de choses à découvrir. Elle prenait tant de plaisir qu'elle n'était pas pressée d'arriver.

Kanasi était dans le même état d'esprit, marcher était méditatif : on ne pensait à rien, on devenait le spectateur de sa vie.

Ils firent halte au pied d'un arbre. Kanasi en profita pour découvrir les alentours. Alors qu'il passait sous un immense feuillu, une voix l'interpella. Sur l'une des hautes branches, un perroquet lissait son plumage.

– Qui es-tu ? demanda Kanasi.

– Je suis le roi des animaux, répondit fièrement le perroquet.

– Je croyais que c'était le tigre !

– Si je te racontais mon histoire, tu ne douterais pas de mon titre.

Kanasi prit place sur une pierre plate.

– Vas-y, je t'écoute.

– Il y a quelques années, les oiseaux ressentirent le besoin de choisir un roi qui pourrait faire entendre leur voix et défendre leurs intérêts. Tous les représentants de chaque espèce se réunirent pour en désigner un parmi les postulants.

L'aigle se présenta le premier. Il était fort, avait l'oeil perçant et pouvait voler très haut. Même les hommes le respectaient et s'en servaient comme symbole.

Pour les oiseaux, le roi devait vivre parmi eux, et non au-dessus d'eux dans des hauteurs inaccessibles.

Le deuxième concurrent fut le coq. Tous les jours, il réveillait la planète au lever du soleil. Son cri s'entendait de loin, et il avait l'habitude de régner sur les autres. Les animaux rétorquèrent qu'il vivait les pieds dans le fumier, et qu'il régnait, soit, mais seulement sur quelques poules. Le troisième fut le rossignol, mais on ne voulut pas d'un roi qui chantât toute la journée. Lorsque arriva le tour de la grue, on lui reprocha ses incessants voyages, au cygne, sa sottise et au paon, sa coquetterie. L'un des plus sérieux candidats fut le hibou. Tous louèrent sa grande sagesse, mais sa laideur finit par l'emporter.

L'assemblée se désola, il n'y avait plus de postulants ; c'est alors que je posai ma candidature. J'avais la qualité indispensable à tout homme politique qui voulait gouverner : j'étais un beau parleur. Grâce à ce don, je savais convaincre, charmer, faire rire ou pleurer, et même parler aux hommes.

Tout le monde fut d'accord. Pour régner, il fallait savoir manier le verbe car le peuple avait toujours besoin de promesses. Je fus donc proclamé roi.

Le perroquet regarda Kanasi pour vérifier l'effet de ses paroles quand un corbeau arriva et s'entretint avec lui.

– Les affaires m'appellent, lança le roi des oiseaux à Kanasi. J'espère que tu ne doutes plus de mon statut.

Kanasi lui posa alors sa sempiternelle question.

– Je ne sais d'elle qu'une chose, répondit le perroquet, la vérité ne se trouve pas dans les mots.

Il salua Kanasi d'un mouvement de tête et s'envola pour rejoindre le corbeau dans le ciel.

Akane écouta avec attention ce que Kanasi venait d'entendre. À la fin du récit, elle se rappella un petit proverbe qu'utilisait souvent son oncle :

« Le riz ne se cuit pas avec de bonnes paroles. »

KANASI ET LE MENTEUR

La péninsule de Shimokita se trouvait encore à une centaine de lieux, et nos deux marcheurs s'entendaient à merveille. Au fil des jours, des efforts, des rencontres, des découvertes, se tissait entre eux une amitié profonde. Ils n'hésitaient jamais à quitter leur itinéraire pour visiter un temple, une grotte, un lieu. Ils parlaient durant des heures sur n'importe quel sujet, ne se cachaient rien et se disaient tout avec simplicité. Akane avait une beauté discrète, qui se dévoilait comme un ciel de matin, et surtout une vive intelligence. Elle cherchait toujours à comprendre, à apprendre.

En traversant un village, elle voulut leur faire plaisir en achetant de délicieux gâteaux de riz. Kanasi les mit dans sa besace, et ils reprirent la route.

Ils s'arrêtèrent sur une hauteur, pour se reposer un peu, mais surtout pour goûter aux délicieuses pâtisseries.

Non loin d'eux se trouvait un jeune homme qui prenait aussi sa pause. Ils se saluèrent et nos deux amis plantèrent leurs dents dans l'onctuosité des gâteaux en lâchant de concert un « hummmm » qui dura longtemps.

Avec l'accord d'Akane, Kanasi se leva et offrit un gâteau à leur voisin. Il s'appelait Ken et avait 25 ans. Il partait s'embarquer sur un bateau de commerce qui allait jusqu'en occident. Ses parents étaient de riches marchands et voyaient d'un bon œil son désir de découvrir comment s'organisait le commerce ailleurs. Pour son père, commencer son éducation par le bas était la meilleure école. Et le transport maritime était l'un des piliers du commerce. Il marchait depuis trois jours en direction du port de T... Il était impatient d'embarquer et de voguer vers le large, l'infini, l'aventure.

Kanasi le présenta à Arkane qui l'interrogea à son tour. Mais pour ne pas entendre deux fois la même chose, Kanasi partit chercher du bois pour le feu.

Lorsqu'il revint, les bras chargés de bûches et de fagots, il entendit de la bouche d'Arkane une toute autre histoire. Ken avait fui la maison familiale, car son père le battait, et se rendait chez un parent à Morioka. Il allait pouvoir finir ses études en travaillant pour son oncle, un gros marchand de crevettes.

Kanasi retrouva le jeune homme et lui demanda pourquoi il racontait des mensonges. Ken lui répondit qu'il avait perdu la mémoire après un accident. Il ne savait pas qui il était, d'où il venait, comment il s'était retrouvé sur la route. Alors il inventait au gré des conversations sa possible histoire. Et ce n'était pas mentir, puisque lui-même ne connaissait pas la vérité sur son passé. Kanasi dit qu'il comprenait, mais qu'il ne pouvait pas continuer à s'inventer une fausse vie. Il allait passer pour un menteur, et jamais plus personne n'aurait confiance en lui, pas même lui. Sa vie deviendrait un supplice. Il devait se reconstruire par des actions et non des paroles.

– J'ai l'impression que tu parles aussi pour toi, rétorqua le jeune homme.

Kanasi l'admit facilement :

– Je parle aussi pour moi.

– Je comprends le sens de tes propos, reprit Ken. Mais tout ça est tellement moins amusant. Je trouve beaucoup plus exaltant de s'inventer chaque jour une nouvelle vie. Une vie à chaque fois passionnante. Trouver qui on est réellement ne peut être que décevant. Surtout quand on a cherché longtemps. Je vais continuer à m'inventer ma vie, même si ça me vaut quelques bastonnades. Elles seront bien méritées, car elles me diront que mon récit n'était pas assez convaincant.

En le regardant reprendre sa route, Kanasi se dit que ce n'était pas la peine de lui demander où se trouvait la vérité, il l'aurait transformée en mensonge ; force était d'admettre que ce jeune homme avait toutes les qualités pour devenir un grand conteur. Akane regarda Kanasi d'un air amusé et lui prit la main – notre moine en fut tout troublé – elle dit que Ken lui faisait penser à cette petite maxime :

« Le sage ne joue pas à saute mouton avec la licorne. »

KANASI ET LE CHANCEUX

Akane chantait tout en marchant. Son corps avait maigri, sa démarche était plus souple, elle paraîssait plus jeune. Kanasi se félicitait de la voir si heureuse. Elle s'arrêta comme si elle l'avait entendu, et lui sourit, l'air de dire : « tu traînes ! »

Des hommes en armes progressaient en sens contraire. Arrivés à leur hauteur, leur chef s'adressa à Kanasi.

– Nous cherchons un moine pour donner sa bénédiction à un mariage. Celui du château est mort subitement ce matin.

Kanasi regarda Akane qui lui fit le signe d'accepter.

Nos deux compères furent conduits dans la ville la plus proche. On présenta le futur marié à Kanasi qui se prénommait Anri et qui remercia le ciel qu'un moine fut dans les parages.

Dans leur conversation, qui prit une tournure de plus en plus amicale, Anri raconta que sa belle-mère le haïssait depuis son enfance. Elle le battait, l'injuriait et faisait tout pour le discréditer aux yeux de son père. Lorsqu'il fut en âge de quitter la maison familliale, elle lui offrit une cinquantaine de petits gâteaux à la noix de coco, ses préférés, pour l'accompagner dans son voyage. Elle lui demanda pardon de ne pas avoir été la mère qu'il espérait et lui souhaita bonne chance.

Après une longue journée de marche, il s'arrêta à l'abri d'un grand châtaignier. Au milieu de la nuit, un vacarme assourdissant le réveilla. Une cinquantaine de cavaliers galopaient dans sa direction en encadrant une centaine de chevaux. Le jeune homme grimpa aussitôt vers les plus hautes branches, mais oublia son sac au pied de l'arbre. Les hommes prirent sa place et firent un feu. Leur chef, un homme au visage patibulaire, trouva le sac et les gâteaux. Après en avoir goûté un, il hurla qu'il n'avait jamais rien mangé d'aussi bon, et chaque homme reçut le sien. Ils mangèrent et burent toute la soirée et finirent par s'endormir. Anri dut passer la nuit à califourchon sur une grosse branche.

Le matin, les hommes dormaient toujours. Il descendit de son arbre le plus discrètement possible et se retrouva au milieu des dormeurs.

Mais quelle ne fut pas sa surprise lorsqu'il constata qu'ils ne respiraient plus. Tous avaient la bouche ouverte comme s'ils étaient morts d'asphyxie.

Plus loin, un chien errant était couché sur le sol : dans sa gueule, des restes de gâteaux. Ces hommes avaient été empoisonnés par les friandises de sa belle-mère, les gâteaux qui lui étaient destinés.

Il réunit tous les chevaux, les dessella et les mena en ville. Il rencontra une patrouille qui était justement à leur recherche. Des voleurs s'en était emparés. Le jeune homme leur appris qu'ils étaient tous morts. On le conduisit devant le seigneur de la province, le propriétaire des équidés. Il le remercia pour son courage, on avait bien découvert les cinquante cadavres autour de l'arbre, et pour son honnêteté, il aurait pu s'enfuir avec les chevaux ; il lui offrit de travailler pour lui.

Au fil des mois, son intégrité et sa loyauté gagnèrent l'affection du seigneur qui n'avait pas de fils. Il conçut le projet de le marier à sa fille pour qu'il puisse légalement lui succéder et gouverner la province. Ce qu'il ne savait pas, c'est que Anri et sa fille étaient déjà amoureux.

Les courtisans, les hypocrites, les profiteurs de la cour, qui nourrissaient à son endroit une jalousie et une haine grandissante, réussirent à convaincre le seigneur de mettre son courage à l'épreuve. On le considérait comme un héros pour s'être débarrassé de cinquante voleurs, mais on ne l'avait jamais vu à l'oeuvre.

Un vieux tigre semait la terreur dans les territoires du sud. Personne n'était jamais parvenu à le tuer. Ce fut la mission que le seigneur confia à Anri. S'il réussissait, il lui donnerait sa fille en mariage pour qu'il puisse lui succéder. Pour les malfaisants de la cour, n'importe quel bon chasseur pouvait neutraliser cet animal. La mission n'était pas assez périlleuse pour qu'Anri put démontrer son grand courage ; ils voulaient surtout s'assurer qu'il n'en revienne pas. Anri devrait affronter l'animal seulement armé d'un pieu en bois, pas plus grand qu'une poche. Sous la pression, et malgré ses craintes, le seigneur imposa à Anri cette condition.

Anri se rendit sur le terrain de chasse du vieux tigre et ne mit pas longtemps à le trouver. Malgré son âge, le félin était encore agile et puissant. Son simple pieu en poche, Anri n'en menait pas large ; il ne voyait pas comment tuer un tel colosse avec une arme aussi insignifiante. Le tigre le sentit et se lança sur lui. Anri n'eut que quelques secondes pour escalader un arbre et échapper aux dents de la gueule grande ouverte. En grimpant vers les plus hautes branches, le petit pieu s'échappa de sa poche et tomba directement dans la gorge de l'enragé. Ce dernier toussa, éructa, cracha, roula sur le sol en poussant des rugissements effroyables. Ce fut un long supplice avant qu'il ne rendît son dernier souffle. Anri descendit de son arbre et dépeça la bête. Il garda la peau et la tête, et donna la viande aux villageois.

Son retour fut triomphal. Même les malfaisants le félicitèrent pour son grand courage car maintenant ils en avaient peur. Le seigneur, fier comme un paon de son futur gendre, tint sa promesse et organisa la cérémonie de mariage. Anri retrouva sa future épouse et la prit dans ses bras, leur amour allait enfin pouvoir s'épanouir au grand jour.

Kanasi dût admettre que ce jeune homme avait une chance extraordinaire, et il espérait qu'elle ne le quittât pas. Il donna sa bénédiction à ce mariage dans le petit temple qui jouxtait le château : qu'ils vivent heureux, en accord avec l'esprit du dharma. Il énonça au couple leurs droits et leurs devoirs à travers les cinq préceptes bouddhistes : ne pas tuer, ne pas voler, ne pas mentir, éviter l'alcool et les drogues, et ne pas commettre l'adultère.

Kanasi remarqua que les yeux d'Akane étincelaient. Elle était émue. Par espoir secret de se marier un jour ou pour la simple joie de voir le bonheur chez les autres ? Kanasi n'avait pas la réponse.

Ils reprirent la route, chargés de victuailles. Kanasi s'arrêta en haut d'une colline et jeta un dernier regard sur la ville.

Un petit proverbe sortit de sa bouche :

« La chance ne sourit qu'à ceux qui en ont. »

KANASI ET L'HOMME EXEMPLAIRE

Cette journée fut sans doute la plus funeste dans la vie de Kanasi. Au matin, Akane était descendue de la montagne pour faire quelques courses au village, laissant Kanasi à sa méditation. Après de longues heures d'attente, Kanasi commença à s'inquiéter de son absence et finit par prendre la direction du bourg. Mais, malgré la description précise qu'il en donnait aux villageois, aucun n'avait vu Akane. Kanasi fit le chemin à l'envers, chercha de longues heures dans d'autres directions et dut se rendre à l'évidence : Arkane avait disparu.

Il s'assit pour réfléchir : Akane ne serait jamais partie sans lui expliquer pourquoi, et surtout sans lui dire au revoir. Quelque chose, ou quelqu'un l'avait forcée. Sa seule option était de reprendre la route jusqu'à la petite maison de l'oncle dans l'espoir qu'elle s'y trouverait. Kanasi était plongé dans ses calamiteuses pensées, lorsqu'un homme s'assit à ses côtés.

Kanasi lui conta les événements de la journée et sa grande inquiétude. L'homme, pourtant habillé simplement, se désola : s'il était encore le seigneur de cette province, il aurait lancé ses hommes à la recherche d'Akane. Il aurait prévenu tous les postes frontières pour que personne lui ressemblant ne pusse sortir du territoire. Kanasi le remercia, et voulut en savoir plus : pourquoi n'était-il plus le seigneur de cette contrée ?

Lorsqu'il était au pouvoir les gens étaient heureux. La vie était simple, agrémentée de quelques fêtes. Les plus grandes charges de l'état concernaient la construction d'écoles, d'hôpitaux et de « maisons d'entraide » pour soutenir les plus démunis. On le surnommait « Le bon seigneur Osaka ». De plus en plus de gens entendaient parler de la douceur de vivre qui régnait ici et voulurent venir s'y installer. Il dut fermer les frontières tant l'afflux fut grand. Le seigneur voisin, qui était tout son contraire, n'en pouvait plus des comparaisons qu'on faisait avec lui. Il finit par nourrir une jalousie féroce et lui déclara la guerre. Notre « bon seigneur Osaka » envoya des excuses au belliqueux ; il n'avait aucune raison de se battre, il ne voulait pas la guerre. S'il l'avait offensé de quelconque manière, il demandait pardon. Sa requête fut rejetée.

Devant la menace, il dut lever son armée et la mena sur le champ de bataille. La majorité de ses hommes étaient des soldats de réserve et n'avaient jamais fait la guerre. Ils étaient de simples forgerons, marchands, artisans, paysans qui devaient aujourd'hui affronter des tueurs aguerris et lourdement armés. Au premier choc, ils furent défaits. Ils se réfugièrent derrière les remparts du château qui fut aussitôt assiégé.

– Ceux qui se rendront auront la vie sauve ! lançait le camp ennemi.

Aucun de ses administrés ne bougea. Ils aimaient tant leur seigneur qu'ils étaient prêts à mourir pour lui. Il les remercia pour leur loyauté, mais c'est lui qui se rendrait. Ce qu'il fit avec dignité. Le roi ennemi s'installa crânement sur son trône et le chassa du bout des doigts : surtout qu'on ne le revoit pas, il lui en coûterait la vie.

Plus il s'éloignait, plus le seigneur Osaka se disait qu'il avait bien fait de prendre cette décision : il sauvait son peuple. Il avait horreur des dirigeants qui se battaient avec le courage des autres.

Devant le désarroi de Kanasi, qui n'écoutait qu'à moitié, il lança une idée.

– Tu vas m'arrêter et me livrer à mon ennemi. Il voudra te récompenser et tu lui demanderas l'aide que je ne peux plus t'offrir pour retrouver Akane.

Kanasi refusa, jamais il ne ferait une chose pareille, surtout à un homme comme lui. Le seigneur insista, il ne lui arriverait rien de fâcheux, que Kanasi pense à la vie de son amie.

Kanasi pénétra dans l'enceinte du château en devançant le seigneur Osaka qui avait les mains liées : encore une de ses trouvailles pour rendre la chose plus crédible.

Le roi ennemi apprécia la prise. Comme prévu il voulut récompenser Kanasi, même si c'était un traître. Kanasi ne put en entendre d'avantage et raconta toute l'histoire. Le roi ennemi en resta pantois. Se sacrifier par bonté était pour lui inconcevable. Les comparaisons allaient être encore pires, et sa jalousie devenir insuportable ; il fallait exécuter ce maudit seigneur.

Kanasi sentit ce qui se passait dans la tête du jaloux et se rapprocha pour lui chuchoter à l'oreille. Le seigneur ennemi prit le temps de réfléchir puis se leva d'un coup.

– Je te rends ton trône, si tu y tiens tant.

Il quitta aussitôt l'enceinte du château suivi de son armée.

Le seigneur Osaka voulut savoir ce que Kanasi avait pu dire pour retourner ainsi la situation.

– Je lui ai dit que s'il vous exécutait, il perdrait tout, même le sommeil. Tout le monde l'accuserait du martyr d'un saint, même le Shogun.

Le seigneur rit de bon cœur et le remercia pour sa vivacité d'esprit. Il ferait un bon moine. Comme convenu, il lança ses hommes à la recherche d'Akane et ferma les frontières. En attendant, il était son invité.

Kanasi s'inclina en lui prenant les mains. C'était un homme bon, mais aussi un homme de parole.

Le peuple célébra toute la nuit le retour de son seigneur. Kanasi le regardait passer de bras en bras pour recevoir de chaleureuses accolades. Il espérait du fond du cœur que ses soldats retrouvent Akane. Qu'avait-il pu lui arriver ? Il se sentit soudain très seul.

En observant ce seigneur si près de son peuple, une phrase de Confucius lui revint en mémoire :

« *Seul celui qui sait se gouverner,*
peut gouverner les autres. »

KANASI ET LE SAGE

Les soldats fouillèrent toute la province pendant une semaine, mais revinrent au château bredouilles. Kanasi était abattu. Ne pas savoir devenait pire que la savoir morte. Il avait les traits tirés, il mangeait peu et ne trouvait pas le sommeil. Et lorsqu' il arrivait enfin à fermer les yeux, il était toujours hanté par le même rêve : il se rendait chez un très vieil homme qui avait la réputation d'être le plus sage du pays. Il se présentait à son domicile et lui demandait où il pouvait trouver la vérité.

Le vieil homme de plus de cent ans prenait toujours un certain temps avant de répondre. Il finissait par dire qu'il pouvait la trouver au « Miroir du Ciel », un lac qui se trouvait dans le grand désert du sud. Mais attention, car beaucoup de gens avaient trouvé la mort en tentant de le traverser. La chaleur y était accablante, le sable brûlait les pieds et l'air embrasait les poumons.

Aux portes du désert, Kanasi découvrait un océan de sable rouge. Et le coeur serré, il s'enfonçait dans cette immensité.

Pendant des jours, il n'avait pour seule compagnie que son ombre et celles des vautours qui tournoyaient dans le ciel en attendant leur heure.

Sous ce soleil implacable, ses lèvres se desséchaient et craquelaient comme une terre aride. Ses forces s'évaporaient et sa gourde se vidait.

Plusieurs fois il tombait d'épuisement, mais il se relevait toujours, poussé par la certitude de découvrir enfin la fameuse vérité.

Soudain, au fond du paysage, une grande plaque bleue et lisse luisait comme un miroir : « Le Miroir du Ciel. »

Lorsqu'il arrivait sur la berge, l'émotion le gagnait. Ses longues années d'errance allaient prendre fin et il pourrait regagner le temple où son vieux Maître l'accueillerait avec fierté.

Il se penchait doucement et regardait la surface de l'eau.

Mais il ne voyait que le reflet de son visage.

Il restait longtemps à observer, essayant d'apercevoir quelque chose ou quelqu'un dans les profondeurs. Mais il n'y avait que son visage et le ciel en toile de fond.

Après plusieurs jours dans la même position, il devait admettre qu'il n'y avait rien à voir. Il remplissait sa gourde avec l'eau du lac et rebroussait chemin profondément déçu.

Le retour était moins pénible tant son esprit était dans la confusion.

Le vieux sage était-il un menteur ? Pourquoi l'avoir envoyé si loin s'il n'y avait rien à découvrir ?

Dès qu'il retrouvait le vieil homme, il lançait qu'il n'avait rien vu.

– Mais tu l'as vue, répondait le vieux sage.

– Non, rétorquait Kanasi, je n'ai vu que mon visage et le ciel qui se reflétaient dans l'eau.

– Oui, c'est bien elle que tu as vue, réaffirmait-il.

– Je ne comprends pas, se désolait Kanasi.

– Si tu ne comprends pas, c'est que tu dois continuer à la chercher.

Kanasi se réveillait à chaque fois rempli d'angoisse. Que voulait dire ce mauvais rêve? Qu'il ne trouverait jamais la vérité, ni celle concernant la disparition d'Akane, ni celle concernant ses origines? Etait-ce un signe?

Kanasi décida de reprendre la route pour se rendre à la maison de l'oncle. Même si Akane ne s'y trouvait pas, il sentait qu'il y apprendrait quelque chose d'important.

Le seigneur Osaka le serra dans ses bras. Qu'il ne perde pas espoir. Il fallait faire confiance à la vie. Ses hommes continueraient à la chercher et il le ferait prévenir s'il y avait du nouveau.

Kanasi le quitta le cœur gros. Il perdait encore un ami.

Il marcha longtemps pour se libérer de ses pensées négatives. L'équilibre entre son yin et son yang enfin retrouvé, il se dit que toutes les réponses qu'il cherchait étaient liées. Et l'une d'elle était la clé pour trouver toutes les autres.

Sa silhouette disparut entre deux montagnes. On entendait seulement l'écho de sa voix qui psalmodiait un petit texte de Lao Tseu en hommage au seigneur Osaka :

« *La gentillesse dans les mots suscite la confiance.*
La gentillesse dans la pensée crée la profondeur.
La gentillesse dans les actes engendre l'amour. »

MARQUIS

Québec, Canada

Imprimé sur Rolland Enviro.
Ce papier contient 100% de fibres postconsommation,
est fabriqué avec un procédé sans chlore
et à partir d'énergie biogaz.

100%

PCF

BIO GAZ ÉNERGIE

PERMANENT